AF665633

Hans Riedl

Jetzt bin ich alt,
bin nicht mehr heiß,
bin noch nicht kalt

Hans Riedl

Jetzt bin ich alt, bin nicht mehr heiß, bin noch nicht kalt

Re Di Roma-Verlag

Bibliografische Information der Deutschen Nationalbibliothek:
Die Deutsche Nationalbibliothek verzeichnet diese Publikation in der Deutschen Nationalbibliografie; detaillierte bibliografische Daten sind im Internet über http://dnb.ddb.de abrufbar.

ISBN 978-3-86870-757-1

www.rediroma-verlag.de
9,80 Euro (A)

Inhalt

Vorwort ... 9
Sprüche ... 10
Kinderthemen ... 15
Kinder ... 16
Ein Wort aus Kindermund ... 17
Ein Kindertlachen ... 18
Kinderaugen ... 19
Kindertränen ... 19
Die unsichtbare Wand ... 20
Kinderhände ... 21
Die Vorbestimmung ... 21
Betrachtung am Spielplatz ... 22
Kinderpsyche ... 23
Weihnacht ist ... 24
Johannes ... 25
Mein Enkel Johannes ... 26
Die schöne Nachbarin ... 28
Ich bin ein aufmerksamer Zeitgenosse ... 30
Zwei Kleinbürger ... 31
Meine zweite Nachbarin ... 33
Das große Misverständnis ... 34
Der Gockel am Strand ... 35
Meiner Frau ... 36
Meine lebhafte Fantasie ... 37
Die Posaunen ... 38
Die Gedanken sind frei ... 39
Mein Stern ... 47
Mein Ablaufdatum ... 50
Mein Geist ist eigenständig ... 51

Die hohen Mauern 53
Die Lawine rollt 54
Menschliches Ermessen 58
Das Fundament 59
Die Brücken 61
Obdachlos 62
Ich würd gern helfen 64
Die Gier ist eine schlimme Sucht 65
Das Kerbholz 66
Das Gewissen 68
Mein Fenster 69
Die Wege 70
Ein Licht in weiter Ferne 72
Mein Durst 74
Die Kälte 75
Mein Kreisverkehr 77
Das Abstellgleis 79
Die Zeit 81
Die Diskrepanz 83
Meine Empfindsamkeit 86
Die breite Masse 88
Das Leben ist unbeschreiblich 90
Der Tod ist unbeschreiblich 95
Schnucki 98
4.August 99
Als es einmal furchtbar heiß war 100
Der tolle Bekannte 100
Der Lottogewinn 101
Der Schmetterling 102
Wunschlos 103
Fitnes 104

Fernweh 104
Das Dorffest 106
Eichfeld 107
Mich wundert das ich so fröhlich bin 108
Der Hofer 109
Yellow Submarine 111
Die habgieige Konsumgesellschaft 112
Alle Menschen die sind Brüder 113
Mein tägliches Brot 114
Die Welt entschleunigen 116
Allerheikligen kritisch betrachtet 117
Wischi waschi Österreich 118
Die Schattenregierung der Welt 119
Wahlkampf 120
Wahltag ist und Zahltag ist 121
Die Konfrontation 123
Steirischer Brauch 124
Die Plakate 125
Im Teutoburger Wald 127
Das Blatt 128
Träume 130
Träume sind Schmäume 142
Bedrohung oder Segen 144
Die Bücherrettung 145
Die gefangenen guten Geister 146
Gute Geister 148
Mein Buch 148

Vorwort

Das Reimen ist einfach so über mich gekommen, ob ich es kann, lass ich die Leser-Hörer entscheiden. Tatsache ist, es ist spannend, gewisse Themen anzufassen und macht vor allem Spaß die Bereiche wie Politik, Wirtschaft, das Kapital, aber vor allem meine persönlichen Belange, die Erlebnisse aus der Kindheit, bis zum heutigen Tag, zu behandeln. Mein Bestreben ist es, den Leser – Hörer zu unterhalten und aufzurütteln. Bücher sind meine große Leidenschaft und kommen daher häufig vor. Meine Gedanken bewegen sich oft in verschiedenen Dimensionen zwischen Traum und Wirklichkeit, wobei ich mir oft die Frage stelle, ist mein Leben hier das Endgültige oder nur eine Vorstufe meiner tatsächlichen Bestimmung.
Ich versuche mich mit meinem mir zur Verfügung stehenden Wortschatz auszudrücken. Vielfach wird mir erst hinterher bewusst, dass hin und wieder eine andere Wortwahl treffender gewesen wäre.
Ich bin auf diesem Gebiet vergleichsweise noch im ersten Lehrjahr und hoffe dass ich mich in dieser Hinsicht weiterbilden kann und dass die schöpferische Phase nicht versiegt.
Ich wünsche dem Leser – Hörer angenehme Kurzweil und hin und wieder ein Schmunzeln um die Mundwinkel, ich kann aber auch Kritik vertragen, ja ich bitte sogar darum

Euer Hans Riedl

Sprüche

Als ich ein kleiner Junge war,
war mir die Welt noch fremd.
Ich hatte nicht viel mehr als Gut,
als Schuhe, Hose, Hemd.
Und viele Jahre später dann,
als starker, flotter junger Mann
ich die Welt zerreißen wollt,
jedoch nicht zu jeder Stund´ war mir Fortuna hold.

Fünf Wörter nahmen mich in Anspruch jeden Tag:
Ich will, ich kann, ich darf, ich soll, ich mag.

Das Glück zu finden, wünscht ich sehr,
und oft fiel die Entscheidung schwer.
Doch drei Jahrzehnte später dann,
fingen schon die ersten Schmerzen an.

An Erfahrung reich, im Herzen jung –
will ich mir die Zeit nun geben
jedoch gibt es keine Versicherung
für ein gesundes, langes Leben.

******

Ich find sie nicht und such danach,
so lang ich denken kann.
Ob oben oder unten, beiseite oder dran.
Was nützt das Kritisieren, wenn ich´s nicht ändern kann.

Doch einmal möcht` ich´s spüren
und mich erfreuen dran,
doch kann ich sie nicht sehen, weit und breit,
die seligmachende Zufriedenheit.

******

Im Geiste bin ich rege,
doch allerlei Gebrechen erschweren mir die Wege,
die ich noch gehen möcht.
Mein Herz und meine Seele sind jung und jugendlich.
Doch dieser Zwiespalt ist es, der mir den Kopf zerbricht.

******

Ein Scheich geht durch die Wüste
und kommt an ein Wasserloch.
Es ist nicht grad die Küste,
aber Wasser ist es doch.

Er trinkt sich satt und geht vorbei,
ist zufrieden und so frei.
Dass er das Nass gefunden,
den Durst hat überwunden,
beflügelt seine Sinne.
Überdies wähnt er sich jetzt im Paradies.

******

Im Urwald fährt die Eisenbahn,
am Meeresgrund Raketen.
Ich frag mich nun, was wir nur ohne Illusionen täten.
Die Welt ist klein, die Gedanken groß,
wie soll ich´s richtig machen bloß?
Das Grübeln geb` ich auf
und lass den Gedanken freien Lauf.

******

Ein Junge namens Jaromir
kam heute ganz empört zu mir:

„Meine Vorratstasche die ist leer,
was esse ich heute, bitte sehr."
Drauf gab ich ihm den guten Rat:
„Iss heute einfach das,
was Du gestern hast zu viel geprasst."

******

Mir kommt so vor, als wär ich hier –
die Menschheit zu erretten und
dass ich für mich das Maß der Dinge bin.
Es kann ja sein, dass ich mich täusch,
denn sich zu täuschen ist erlaubt.
Dann bin ich auf dem falschen Weg
und hab nur auf losen Sand gebaut.
So wie es ist, so sei es immer,
doch nichts zu machen ist noch schlimmer.

******

Was Besonderes bin ich nicht,
ich bin nur Dutzendware,
alles andere hat hier kein Gewicht.
Ich war nur Durchschnitt all die Jahre,
doch eines ist hier ganz gewiss,
dass jeder Mensch einmalig ist.

******

Als Bäcker ging ich einst zu Schul,
ich wollt was Großes werden.
Bin nicht lesbisch, bin nicht schwul,
ich bin ein Mittelding auf Erden.

Das Schicksal stellt ganz ohne Frage
für jeden seine Weichen.
Steh ich einst vor der Himmelstür, so sage ich:
„Bedaure sehr, ich konnt nicht mehr erreichen!“

******

Als ich mein Brot verdiente mit Brötchen und Gebäck,
da musst ich nächtens schaffen
als schnöden Lebenszweck.
Wollt mir die Welt besehen, jedoch ich konnte nicht.
War immer flott und fleißig, tat immer meine Pflicht.
Die roten Kirschen in Nachbars Garten
hingen viel zu hoch und waren für mich sauer.
Jetzt im Alter hätt ich Zeit, doch die ist nicht von Dauer.

******

Mein Leben ist ein Faden mit bunten Stücken drin.
Ich musste es erfahren
dass ich schon bald am Ende bin.
In der Kindheit war ich traurig,
dass ich nicht schon älter sei.
Am Ende möchte ich jünger sein,
doch die Zeit kommt nicht zurück.
Ich muss sie nun bemessen,
mit Andacht und mit Gnade,
dann kann ich noch erhaschen,
ein kleines bisschen Glück.

******

Ich werde Bücherwurm genannt.
dieser Ausdruck stört mich nicht.
Noch ist meine Sammlung kaum bekannt,
doch aufs Büchersammeln bin ich ganz erpicht.

Viele Bücher habe ich gesammelt,
ganze Räume vollgerammelt.
Es ist zwar nicht Tag der offenen Tür
aber trotzdem bin ich hier.

*****

Als ich mal richtig traurig war
da wollt ich nicht mehr leben.
Ich glaubte daran nimmermehr
es könnt was Schönes geben.
Doch eines Tages kam ein Kind
und hat mich angelacht.

Dieses Lachen hat mich wieder
ausgesöhnt und frohgemacht.
Ich dachte nach und stellte fest:
In jedes Menschen Leben
gibt es ein Auf und Ab,
ein Nehmen und ein Geben.

*****

Der Tag beginnt, ich wache auf.
Was soll ich heute wagen?
Bringt Sorge mir und Stress der Tag,
viel ungelöste Fragen?
Bin im Tag schon mitten drin,
ich leg mich besser wieder hin.

Kinderthemen

Auf den Wegen von den Kindern will ich wandeln,
deshalb möchte ich auf den nächsten Seiten
Kinderthemen nur behandeln.
Denn die Kinder sind es, die unsere Welt erhalten
und diese neu und friedlicher gestalten.

Sie erbauen sie nach ihren Plänen und nach ihrem Sinn,
in der ich als Alter nur ein Überbleibsel bin.
Was wären wir ohne Kinder in unserer kalten Welt,
in der ohne Kinder jede Wärme fehlt?

Wenn unser Enkel ist manchmal außer Haus,
kehrt erst mal bei uns Ruhe ein.
Doch wenig später frag ich schon:
„Wann kommt der Kleine wieder heim?"

Es fehlt das junge Leben, wenn er nicht bei uns ist.
Sein Reden und sein Lachen hab ich sofort vermisst.
In einem Vakuum ich mich dann befind.
Solche Ruhe haben wir genug,
wenn wir erst mal gestorben sind.

Die Kinder halten uns am Leben.
Was wäre unser Leben ohne sie?
Sie uns viele gute Zeichen geben,
denn wir Alten ganz allein sehen diese Zeichen nie.
Unsere Welt die ist total verirrt,
in der nur altes Blut regiert.

Kinder an die Macht, muss die Devise sein.
Das auch durchzusetzen, dazu lade ich euch ein.

Kinder

Kinder sind unser ganzer Reichtum,
nicht Gold und Silber und Moneten.
Kinder sollten in der Wertigkeit an die erste Stelle treten.
Kinder sind der Inbegriff von einer reinen Seele,
auf dass man nach der Kinderseele
sich seine Lebensweise wähle.

Den Kindern soll man lassen, jede Hilfe angedeihen.
Kinder werden unsere Missetaten immer neu verzeihen.
Kinder können uns formen und verbinden.
Wenn ein Kind mal traurig ist,
sollten wir seine Traurigkeit empfinden.

Ein Kind kann uns ermahnen
und die richtigen Wege weisen.
Wir sollten daraus lernen und das dann auch beweisen.
Wenn Kinder oft verzweifeln,
vor Not und Hunger auf der Welt,
dann sollten wir begreifen,
dass auch die kleinste Hilfe zählt.

Wenn du glaubst, dass du unverletzlich bist,
so ist das ganz verkehrt.
Halt erst mal ein Baby in den Armen,
dann bist du schnell bekehrt.
Der Mensch vergisst, was er mal war
und ist meist hochgemut.
Wir sollten erst einmal genauer hinsehen
was ein Kleinkind tut.

Ein Mensch der schwelgt in seinem Reichtum
und allen anderen Segen
und vergisst darauf
dass er auch in den Windeln hat gelegen.

Nicht Wohlstand, Geld und Reichtum
soll unser Bestreben sein.
Wir sollten besser so unverdorben bleiben
wie die Kinderlein.
Ein Kind ist wie ein Zeichen,
wie ein Mahnruf ist ein Kind.
Wir sollten nicht vergessen,
wo wir einst hergekommen sind.

Ein Wort aus Kindermund

Ein leises Wort aus Kindermund ist ehrlich
und wäre Grund darüber nachzudenken,
was sich die Kinder denken.
Kommt ehrlich aus der tiefsten Seele,
sich hineinzuversetzen, ich empfehle.

Das Wort ist noch nicht geprägt,
von Hochmut und Intrigen.
Das leise Wort aus Kindermund,
sollte uns am Herzen liegen.

Es spricht das aus, was es sich denkt
und wird noch nicht von seinem Umfeld abgelenkt.
Das Wort ist einfach nur und schlicht.
Kennt noch die verschlungenen Wege nicht
die wir Erwachsene oft gehen.
Wir sollten mehr Wahrheit in unsere Worte legen.

Ein Kindermund sagt einfach geradewegs heraus,
und drückt darin sein Empfinden aus.
Ein Kindermund zu seinem Worte steht,
denn ein Kind noch gerade Wege geht.

Ich wünschte in mir drinnen,
würde nie das Erwachsensein beginnen.
Ein leises Wort aus Kindermund
ist auch für deine Seele ganz gesund.

Ein Kinderlachen

So erquickend wie honigsüßer Wein
kann nur ein Kinderlachen sein.
Ein Kinderlachen immer Freude bringt,
ich bin sicher, dass der Funke überspringt.

Großer Friede stellt sich ein,
denn so fromm kann nur ein Kinderlachen sein.
Durch ein Kinderlachen kann ich Trauer überstehen
und die dunklen Stunden werden bald vorübergehen.

Kinderlachen ist wie Honig,
es bleibt mir haften im Gemüt.
Bei einem Kinderlachen wird wärmer mein Geblüt.
Durch ein Kinderlachen stellt sich immer Freude ein,
was kann froher als ein Kinderlachen sein?

Wenn meine Sinne sich verhärmen
wird ein Kinderlachen sie erwärmen.
Ein Kinderlachen weckt meine Lebensgeister.
Durch ein Kinderlachen ich mein Leben besser Meister`.

Kinderlachen kann meine Schmerzen heilen
und Kinderlachen kann mein Glück verteilen.
Ein Kinderlachen kann vom Übel mich befreien
und ein Kinderlachen kann meine letzte Hoffnung sein.

Statt uns mit Diamanten zu beschenken,
sollten wir uns auf ein Kinderlachen nur beschränken

Bricht meine Gesundheit einmal ein,
sollte meine Therapie ein Kinderlachen sein.

Wenn mich ein Kinderlachen nicht im Herzen rührt,
hab ich niemals noch Geborgenheit gespürt.
Ein Kinderlachen für Freude immer steht,
das ist so sicher, wie das Amen im Gebet.

Kinderaugen

Hast du in Kinderaugen
schon einmal tief hineingesehen?
Dann wird es dir, so wie mir ergehen.
Kinderaugen nehmen mich gefangen
und wecken in mir das Verlangen
so einfach wie ein Kind zu denken.
Denn Kindern will ich meine Liebe schenken.

Kinderaugen können glänzen
und meine Zufriedenheit ergänzen
Kinderaugen können strahlen,
das ist mit Geld nicht zu bezahlen.

Doch wenn Kinderaugen weinen,
dann ist das ein Notruf, würd ich meinen.
Und wenn Kinderaugen strafen,
dann sollten wir erst einmal in uns gehen
und nach unseren Fehlern sehen.

Kindertränen

Kindertränen machen mich befangen,
dann kann ich meine Ruhe nicht erlangen.

Kindertränen erweichen mir das Herz.
Kindertränen können vielleicht versiegen,
durch einen guten Scherz.

Wenn Kinder weinen, tun mir ihre Tränen weh.
Auf der Welt bilden Kindertränen
schon einen großen See.
Doch wenn Kindertränen dann vertrocknen
und in ein Lachen übergehen,
kann ich wieder in meinen Spiegel sehen.

Die unsichtbare Wand

Ich hör ein Klagen, ich hör ein Weinen.
Es ist ein Kind, würde ich meinen.
Ich seh mal nach und such danach.
Ein Junge ist´s, so drei, vier Jahr,
mit dunkler Haut und krausem Haar.

Ich geh schön langsam zu ihm hin.
Von dessen Anblick ich nun tief betroffen bin
Der Kleine hat einen Hungerbauch
und Wunden an den Füssen hat er auch.
Er ist verängstigt und verzagt,
weil ihn scheinbar auch der Durst so plagt.

Ich will über seine Haare streichen,
jedoch ich kann ihn nicht erreichen.
Es ist so als wär es eine unsichtbare Wand,
die mich auf der einen Seite bannt.

Ich versuche es noch einmal
und meine Anstrengung ich vermehre.
Es gelingt mir nicht, ich greife jetzt ins Leere.

Das ist ein Gleichnis nur, was will ich damit sagen?
Wir wissen was auf der Welt passiert
und stellen nicht mal Fragen.
Auch wenn wir wollen, dass man die Nöte lindert,
eine unsichtbare Wand uns daran oft behindert.

Kinderhände

Hast du eine Kinderhand schon mal bewusst gehalten?
Bei mir löst eine Kinderhand starke Urgewalten.
Die kleine Hand ist stark und anschmiegsam zugleich.
Die Wärme dieser Hand
macht mich in meiner Seele reich.

Eine Kinderhand ist zärtlich und verbindet.
Mit einer Kinderhand man große Übel
leichter überwindet.
Doch eine Kinderhand die sich dir verweigert,
hat zu allem Übel dein Unglück noch gesteigert.

Kinderhände, Kinderlachen, Kinderaugen,
Kindertränen, Kinderweinen, Kindermund
halten in meiner Seele mich gesund.

Die Vorbestimmung

Ich konnte sehen wie ein kleines Kind
durch eine Blumenwiese ging.
Es die Liebe von der Mutter nahm
und den Schutz vom Vater es bekam.
Der Vater bei einem Unfall um sein Leben kam,
die Mutter aus Verzweiflung sich das Leben nahm.

Das Kind nun schon zum zweiten Mal
am Grabe sich befindet.
Es ist niemand da, der es am Leben weiter bindet.
Das Kind ist ratlos und verlassen,
kann sein Schicksal noch nicht fassen.

Wer hat das so gewollt, wer hat das so bestimmt,
dass man einem Kind, Vater, Mutter nimmt?
Man könnte darüber fluchen
oder einen Schuldigen sich suchen.
Wer hat die Macht, der diese Schritte lenkt?
Wahrscheinlich der, der uns das Leben schenkt.

Trotz aller Trübsal bleibt es wie es ist.
Es gibt die Vorbestimmung, man das leicht vergisst.
Wenn es anders wäre, würde ich jetzt lügen.
Unserem Schicksal, dem müssen wir uns fügen.

Betrachtung am Spielplatz

Ich mach erst einmal eine Pause,
ich brauch ein bisschen Ruh`,
setz mich auf eine Bank
und seh den Kindern auf dem Spielplatz zu.

Wie sich die bewegen in Selbstsicherheit betont.
Ich hätte das in Ihrem Alter sicher nicht gekonnt.
Sie tollen einfach nur umher oder spielen Sand,
doch beinahe immer haben sie das Handy in der Hand.

Sich ins rechte Licht zu setzen,
verstehen die Kinder schon.
An erster Stelle steht bei Ihnen ihre Kommunikation.
Sich einzuschränken sind sie nicht bereit
und machen alles nur mit einer Selbstverständlichkeit.

Unser Leben früher hat sich
auf das Nötigste beschränkt,
wenn mich damals wer zurechtwies,
war ich stets gekränkt.
Unser Leben damals war sichtlich eingeengt,
zwischen Regeln und Geboten
entscheidend eingezwängt.

In der Schule der Pfarrer und der Lehrer,
daheim das Elternhaus.
Unsere Freiheit der Gedanken
fiel damals sehr bescheiden aus.

Ich seh den Kindern zu, schon eine Stunde lang.
Wenn ich die so betrachte,
wird mir um deren Zukunft auch nicht bang.
Was die Kinder wollen, wissen die wohl heute schon.
Dazu braucht es nicht, so wie früher,
erst die erzwungene Revolution!

Kinderpsyche

Wie dring ich in eine Kinderpsyche ein?
Wie verschieden können Kinder in ihrem Denken sein?
Ich muss es ganz behutsam erst versuchen,
mit meiner rauen Art.
Denn die Seele eines Kindes
ist verletzlich noch und zart.

Man soll ein Kind nicht in unsere Regel pressen,
auch den Rohrstock und die Rute sollten wir vergessen.
Wir sollen ein Kind nicht formen, nur unterstützen.
So kann der kleine Mensch uns Alten auch mal nützen.
Jedes Kind ist ausgestattet mit eigenen Fähigkeiten.
Wir sollten vorne weggehen und ihm den Weg bereiten.

So lang ein Kind noch klein und unbescholten ist,
wär es viel besser, wenn man nicht vergisst,
dass es nach seinen Fähigkeiten handelt
und noch nicht auf den Wegen der Gesellschaft wandelt.

Wir sollten seinen Weg nach Möglichkeit begleiten
und es auf kleine Hürden vorbereiten.
Es dann auch einmal darüber heben
und es eine sanfte warme Stütze geben.

So kann es sich entwickeln
und aus dem Vollen schöpfen.
Nicht das wir schon vorher seine Talente schröpfen.
Ein junger Mensch wächst dann heran,
mit Kanten und mit Ecken.
Wir sollten mit unserer Unterstützung
in ihm neue Fähigkeiten wecken.

Es nicht in vorgegebene Bahnen zwängen,
damit seine Kreativität beengen.
In Zukunft soll es nicht nur Menschen geben,
die nur agieren in der Norm,
die nur in Lederhosen tanzen und in Uniform.

Weihnacht ist!

Es ist alles vorbereitet, es kehrt jetzt Ruhe ein.
Pakete aufgeschichtet, wie könnt es besser sein?
Der Christbaum ist schon fertig,
geschmückt von unseres Enkels Hand.
Auf das Christkind wartet er nun voller Ungeduld
und aufs äußerste gespannt.
Es wird am Abend kommen,
denn davon gehen wir alle aus.
Die Glocke wird dann läuten in unserem kleinen Haus.

Er hat schon seine Lieblingsplatte aufgelegt.
Das Lied auf dieser Platte in sichtlich sehr bewegt.
In Ruhe und Besinnlichkeit
will er heuer Weihnacht feiern.
Mit „Stille Nacht“ hat er vor, die Würde beizusteuern.

Er wird bald neun und setzt schon gute Zeichen.
Wenn er so weitermacht, wird er etwas erreichen.
Geld und Autos interessieren ihn noch nicht,
doch oft er von den armen Menschen
und von seinem Mitleid spricht.

Ich will ihn auf seinem Weg begleiten,
sofern es meine Kraft erlaubt.
Ich fühl mich auch geehrt, dass er mir anvertraut.
Will bangen, dass er auf seinem Wege weitergeht,
dass er einmal den tiefen Sinn
unseres Erdenlebens ganz versteht.

Er ist ein Junge zwar, mal launisch und mal fein.
Doch er kann für uns beiden Alten,
der Oma und dem Opa, jedes Jahr das Christkind sein.

Johannes

Mein Enkel ist ein Junge, das sag ich mit Verlaub.
Er hat eine flinke Zunge, wer es nicht hört der wäre taub.
In seinem Kopf da ist was los,
was denkt sich dieser Junge bloß?
Ist meistens dort in andern Sphären,
als ob wir bei den Alliens wären.
Ich möchte seine Welt ergründen,
kann leider keinen Zugang finden.

Doch einmal wird auch er dann groß,
will geduldig darauf warten und harren seiner Taten.
Am Ende ist dann ER verwirrt,
was da in MEINEM Kopf passiert.

Mein Enkel Johannes

Mein Enkel ist ein Junge, das sag ich mit Verlaub.
Er hat eine flinke Zunge, wär es nicht hört der wäre taub.
In seinem Kopf da ist was los,
was denkt sich dieser Junge bloß?

All die vielen Geister dringen auf ihn ein, von überall.
Die guten kommen von der Erde,
die bösen aus dem All.
In Zusammenspiel der Geister,
ist er sein eigener Meister.

Er hat noch keine Schranken,
die seine Phantasien hemmen
und kann mit seinen Gedanken
seine Mitwelt überschwemmen.
Wenn er seine Schleusen öffnet,
sprudelt es aus ihm heraus.
Falls man es sich zu Herzen nimmt,
könnt man gescheiter werden draus.

Er ist meistens dort in anderen Sphären,
als ob wir bei den Aliens wären.
Bei den Aliens und bei den Sternen,
bei den nahen und den fernen.
Von schwarzen Löchern macht er Kunde,
das erstaunt aus seinem Munde.

Als er fünf war, hat er schon von den Aliens geträumt.
Im Fernsehen hat er damals „Starwars“ nie versäumt.
Er hat eine flinke Zunge, wer es nicht hört der wäre taub.
Er ist ein lieber Junge, das sag ich mit Verlaub.

Hat vom Krieg der Sterne phantasiert
und dafür Fluggeräte konstruiert.
Ich möchte seine Welt ergründen,
kann leider keinen Zugang finden.
Ich kann nicht sehen was er immer sieht.
Seine Welt ist für mich meistens Sperrgebiet.

Ich versuche immer wieder den kleinen Mann
auf die Erde sanft zurückzuholen.
Es ist nicht das Gleiche was ich will und was ich kann.
Es bleibt doch meistens nur beim Wollen.

Dass er zur Schule geht das ist bestimmt ganz richtig,
doch sich dort zu konzentrieren,
das erscheint ihm nicht so wichtig.
All die vielen Geister dringen auf ihn ein von überall.
Die guten kommen von der Erde,
die bösen aus dem All.
Im Unterricht gibt er sich meistens gelangweilt
und zerstreut,
was verständlicherweise nicht seine Lehrer freut.

Die Lehrer können ihm nicht folgen, wohin er gerade will.
Wenn eine Frage ihn erreicht
dann bleibt er meistens still,
weil nur der Körper auf dem Sessel sitzt,
sein Geist ist oft verreist.
Er ist zwar in der Schule, doch nicht anwesend meist.

Wie kann ich ihm da helfen, wie kann ich das erlangen,
seine flüchtigen Geister hermetisch einzufangen?
Ich mit gutem Willen nach einer Lösung such.
„Kommt Zeit kommt Rat", das ist ein alter Spruch.
Dann wird er im Zusammenspiel der Geister
bestimmt sein eigener Meister.

Einmal wird auch er dann groß,
will geduldig auf ihn warten.
Ihn auf den richtigen Weg zu lenken,
vielleicht hab ich dann bessere Karten.
Ich will harren seiner Taten, sofern es mir erlaubt.
Falls bis dahin noch niemand
hat mein Lebenslicht geraubt.

****

Die nachfolgenden Themen
sind aus unser aller Leben gegriffen
und sollen aufrütteln und zum Nachdenken anregen.
Es ist nicht in meinem Sinn jemanden zu beleidigen.
Ähnlichkeiten sind zufällig!
Ich möchte nur auf die Probleme hinweisen,
die unsere Gesellschaft beschäftigt.
In den folgenden Seiten lass ich meine Phantasie freien Lauf.
Kleinbürgertum, Erotik und Alltägliches sollen den Leser erfreuen.

****

Die schöne Nachbarin

An meiner hübschen Nachbarin hab ich sehr viel Freude.
Sie gleich gegenüber wohnt,
in dem gelbgestrichenem Gebäude.
Früh morgens, wenn ich schnell zum Bäcker lauf,
ist meine Nachbarin schon auf.
Sie ohne Nachthemd hinter ihrem Vorhang steht,
bei mir sich alles vor den Augen dreht.

Ganz verstohlen blicke ich hinauf,
dass ich dabei erwischt werde, nehme ich in Kauf.
Mir ist, als hätt ich Gummi in den Beinen,
denn ich seh ihre Kurven
durch den dünnen Vorhang scheinen.

Tagsüber hängt sie ihre Unterwäsche auf,
direkt vor meinen Augen.
Was ich da so sehen kann, kann ich fast nicht glauben.
Wenn sie einmal aus dem Hause geht,
macht sie es voller Übermut.
Wenn ich mal mit ihr gehen dürfte, das fände ich so gut.

Die Frau ist toll, sie spielt mit ihren Reizen.
So wie sie sich bewegt,
will sie nicht mit ihren Reizen geizen.
Wenn ich sie seh ist es
mit meiner Selbstbeherrschung aus.

Die Frau ist einfach große Klasse.
Da kommt ihr Mann grad aus dem Haus,
ein Protz mit 120 kg Muskelmasse.
Er winkt mir zu, ich grüß hinüber.
Mit einem Schlag ist meine ganze Freud vorüber.

Ich seh' die Bizeps an seinen Oberarmen,
so wie er aussieht, kennt der kein Erbarmen.
Zurück ins Haus, die Türe zu,
hier drinnen hab ich meine Ruh.
Ich denk nicht mehr an die schöne Nachbarin,
in meinem Haus jetzt am sichersten ich bin.

Ich bin ein aufmerksamer Zeitgenosse

Die Beziehung zu meinem Nachbarn
ist korrekt und manchmal sogar fein,
doch in Gedanken teil ich ihn in eine
von zwei Kategorien ein.
Sag mir was du liest und ich sag dir wer du bist,
ist er vielleicht ein Grüner oder gar ein Terrorist?

Ich mache mir von ihm ein Bild,
wo nur noch meine Regel gilt.
Wenn ich ihn trotzdem achte, dann ist das ganz korrekt,
denn er hat in den letzten Wochen
ganz gehörig abgespeckt.

Hat er nichts zum Essen, oder war es freie Wahl?
Wenn es das Erstere ist,
dann kauf ich ihm auch Lebensmittel mal.
Ich sehe neue Falten in seinem Angesicht,
vor dieser Hungerkur hatte er die nicht.
Was er mit dieser Kur bezweckt,
hab ich bisher nicht entdeckt.

Der Grund dafür ist wahrscheinlich seine junge Frau,
nach der auch ich so gerne schau.
Seine schöne Frau ist sicherlich der Grund,
denn ständig grad zu stehen
ist für den Nachbarn auch nicht ganz gesund.

Ich denk bei mir: „Du armes Schwein,
wie könnt ich dir behilflich sein?"
Wie der sich abmüht halte ich für dumm,
wenn der so weiter macht, wird er auch noch krumm.

Wenn Sie zu viel verlangt, wird er sich sicher grämen.
Ich könnt bei aller Freundschaft
den Nachtdienst ein paarmal übernehmen.
Ich seh hinaus, da rührt sich was,
die Situation ist ziemlich krass.

Die Tür geht auf, sie kommt heraus,
das sieht nach einer Ausfahrt aus.
Er steht noch in der Türe,
während sie in den Porsche steigt.
Das Geld dafür hat er ganz sicher
in seiner Firma abgezweigt.
In seinen Blicken er sie immer noch begehrt,
während sie im Porsche zu ihrem Lover fährt.

Die Frau ist ein richtig steiler Zahn,
so wie ich es sehe hat bei diesem Paar,
die Frau die Hosen an.
Ich denke noch einmal: „Du armes Schwein!"
Ich geh hinaus und lad den armen Teufel
auf eine Männerrunde ein.

Zwei Kleinbürger

Mein Nachbar ist heut gut gelaunt.
Er grüßt herüber, ich bin erstaunt.
Ich heb die Hand und grüß zurück
und gönn ihm seine gute Laune,
wahrscheinlich hat er auch mal Glück.
Er steht jetzt hinter seinem Zaune.

Es sieht so aus, als würd er überlegen,
wahrscheinlich denkt er grad darüber nach,
was seine Frau gerade treibt und was sie macht,
denn sie ist wieder mal auf Tour, die ganze Nacht.
Doch kann ich nicht begreifen, worin sein Glück besteht
wenn er eine Frau hat, die ihn hintergeht.

Ich hab gehört, es soll auch Männer geben,
die gerne Ruhe haben und deshalb froh sind, eben.
Mir fällt im Augenblick nichts Besseres ein,
was sonst noch der Grund
seiner guten Laune könnte sein.

Jetzt geht er einfach pfeifend hin und her,
ich verstehe nun rein gar nichts mehr.
Hat er keine Arbeit, hat er nichts zu tun?
Ich könnt um diese Tageszeit nicht fünf Minuten ruh‘n.

Jetzt geht er die drei Stufen zu seinem Hause hoch
und nimmt sich von dem Tischchen
die Morgenzeitung noch.
Er scheint darin zu lesen,
doch bei mir der Verdacht besteht,
dass er über seine Zeitung zu mir herüberspäht.

Will er mich überwachen? Das betrübt mich sehr.
Ich tu so, als würd ich sonst nichts beachten,
als Straße und Verkehr.
Mein Mistrauen ist geweckt,
wenn der so über seine Zeitung schaut.
Das hätte ich mich nie getraut.

Kann ich mich jetzt noch frei bewegen,
wenn mein Nachbar ständig ist zugegen?
Jetzt fällt mir eine altbekannte Weisheit ein,
die könnte genauso gut meinem Kopf entsprungen sein:

„ Du kannst nicht leben, unbekümmert froh und still,
wenn dein aufmerksamer Nachbar es nicht will!“

Meine zweite Nachbarin

Wer sie sieht, der sei gewarnt.
In der Frau ist ein Teufelchen getarnt.
Sie hält nichts von gesellschaftlichen Zwängen
und manches Unschuldslamm endete in ihren Fängen.

Kein Mann hat diese Frau noch je gezähmt.
Ihr Ehemann sei hier nur nebenbei erwähnt.
Er hat das Ärgste überwunden
und sich mit der Statistenrolle abgefunden.

Er macht gute Miene stets zum bösen Spiel.
Alle Männer zu betören ist ihr großes Ziel.
Jetzt fährt sie mit dem Porsche ein.
Ich seh hinaus, es könnt ja sein,
dass ich mal was zu sehen krieg.
Ich mit meiner Ahnung richtig lieg.

Sie schält sich aus dem Auto, wie eh und je gekonnt.
Heut hat sie rote Haare, ihre Kurven sind betont.
Doch was seh ich da?
Ein Jüngling steigt noch aus.
Bringt sie jetzt ihre Freier schon ungeniert nach Haus?
Ein junger Spund, hübsch, sportlich und gelassen.
Es könnt ihr Junge sein, es ist einfach nicht zu fassen.

Was sagt ihr Mann dazu? Der schwitzt jetzt im Büro.
Sie küsst den Burschen auf die Wange,
vor allen Leuten, einfach so.
Er schäkelt jetzt mit ihr, ihr scheint es zu gefallen.
Wenn ich die Beiden seh, beginnt mein Blut zu wallen.

Jetzt kommen beide her zu mir
und stehen nun vor meiner Tür.
Ich weiß nicht was ich sagen soll.
Mir ist so, als wäre meine Kehle voll.

Die Frau hat meine Verlegenheit erkannt
und sagt: „Herr Nachbar, sie sind erstaunt,
wie ich jetzt sehe. Ich mache sie bekannt,
das ist mein Sohn aus erster Ehe!"

Das große Missverständnis

Als ich einmal spazieren ging
im Wald und auf der Heide,
mein Herz beinahe Feuer fing.
Ich traf d i e Frau, die war eine Wucht,
eine tolle Augenweide.

Ich pirschte mich an sie heran.
Mein Herzschlag wurde schneller dann.
Ich sah die Kurven, sah das Haar,
sah ihre Beine, ihre Grübchen gar.
Ihre Augen waren wie Sterne,
tief hineingesehen hätt ich gerne.

Kurzgeschlossen war mein Verstand,
denn mein Sinn nur nach Amore stand.
In solchen schönen Augenblicken
wollt ich an ihre Seite rücken.

Sie lud mich ein, ganz formvollendet.
Von ihrer Anmut war ich ganz geblendet.
Ob sie auch hält, was ihr Äußeres verspricht?
Ja sicher, denn meine Sinne täuschen nicht.

Ich wähnt sie schon in meinen Fängen,
doch wollt ich sie nicht allzu stark bedrängen.
Sie merkte sicher, was ich wollte
doch meiner Mühe keine Achtung zollte.

Ich fragte sie was sie von mir halte
und wie sie ihre Abende gestalte.
Sie sagt, „ Sie sei mit einer Frau liiert!
Selten hab ich mich so sehr geirrt!

Der Gockel am Strand

Ein ER stolziert entlang am Strand,
mit viel nackter Haut setzt er seine Spuren in den Sand.
Eine Badehose nur verhüllt,
was sonst zu gewissen Zeiten schwillt.

Er macht mit dem Gehabe die jungen Damen an.
Er demonstriert gerade, was er alles kann.
doch ist die Frage aller Fragen,
kann er, was er zeigt, in Wirklichkeit ertragen?

Er geht herum mit stolzgeschwellter Brust
und viel Geld in seinen Haaren.
Er ist sich seiner Wirkung wohl bewusst,
es hat den Anschein, als wollte er sich paaren.

Doch wenn man genauer hinsieht
ist er schon in den gewissen Jahren.
Eine junge hübsche Frau, die will es nun mal wissen,
was hinter der Fassade steckt.
Sie spricht ihn an, mit ruhigem Gewissen.
Mit drei Worten hat sie ihn geneckt.

Und siehe da, der Gockel sucht das Weite,
auf dass er sich woanders
auf einen neuen Auftritt vorbereite.

Die Moral dieser Geschicht:
Was der Anschein oft verspricht,
im Ernstfall solche Gockel halten nicht.

Meiner Frau

Meine Frau, die Grete, ach wenn ich die nicht hätte!
Schon 45 Jahre sind vergangen,
seit dem Zeitpunkt, als ich sie habe eingefangen.
Vier Kinder hat sie mir erzogen,
auch denke ich, sie hat mich nie betrogen.

Und wenn´s so wär, wär´s auch nicht schlimm,
weil ich nicht einmal eifersüchtig bin.
Durch dick und dünn sind wir gegangen
und tolle Dinge haben wir gemeinsam angefangen.
Wir hatten auch so manchen Streit,
doch war sie zur Versöhnung stets bereit.

Grete ist schon in den Jahren,
und in gewissen Dingen sehr erfahren.
Sie hat auch schon darüber nachgedacht,
dass Vieles ich ihr habe beigebracht.
Als Frau ist sie, wie sie eben ist,
sie war auch manches Mal ein raffiniertes Biest.

Doch jetzt sind alle Stacheln runter
und trotzdem ist sie froh und munter.
Das freut mich Tags und besonders in der Nacht,
weil sie mir viel Kurzweil hat gebracht.

So wie es ist, so soll es bleiben.
Wir wollen manchen Schabernack noch treiben.
Wenn ich nochmals meine Jugendjahre hätte,
ich sie wie vor 45 Jahren wieder fangen täte.

Eine lebhafte Phantasie

Heut fühl ich mich so leicht,
ich könnt noch was besorgen.
Wer kann schon wissen wie es wird,
morgen oder übermorgen?
Heut zähl ich nicht die Jahre,
die ich schon auf dem Buckel habe.
Heut möchte ich nochmals eine Dummheit machen,
möchte jauchzen, möchte lachen.

So wie in meinen jungen Jahren,
mich wieder einmal wild gebaren.
Ohne mich stets einzuschränken,
möchte ich auch nicht an die Folgen denken.

Möchte mal erkunden, was ist echt,
an den Kurven beim weiblichen Geschlecht.
Schöne Bilder seh ich in meiner Phantasie,
dass es einmal nicht so wäre, das wollte ich doch nie.

Heut könnt ich noch was „reißen"!
Wenn ich die Jahre zähle,
dann will das etwas heißen.
Wenn ich an meine Jugend denke,
ich mich übertreffen würd.
Ich würd es voller Freude tun,
auch wenn es in den Abgrund führt.

So wie in weit vergangenen Zeiten,
seh' ich auch heute manche Möglichkeiten.
Möchte heut nur mal tun und lassen,
was ich mit beiden Händen kann erfassen.

Ach, jetzt dämmert´s mir, mit meiner Fantasie
bin ich wahrscheinlich ganz alleine hier.
Ich find zurück zur Realität
und muss mir eingestehen,
dass nicht mehr alles in Erfüllung geht.

Mit einem Schlage werde ich ganz bescheiden.
Es kommen mir Bedenken
und ich lass es heute lieber bleiben.

Die Posaunen

Im Himmelreich sah Petrus mal
wie die Engelein sich zanken.
Da hat der gute heilige Mann den rettenden Gedanken.
Er lässt die Engel dann und wann
die himmlischen Posaunen blasen.

Die Engel haben unterdessen,
auf die Zankerei vergessen.

Der Petrus sprach zu seinem Herrn
und dieser hat´s vernommen:
„ Gleich ist aller Zank vorbei,
wenn sie etwas in den Mund bekommen.“

Die Gedanken sind frei

Gedanken sind frei und ohne Beschränkung.
Jetzt hole ich sie einmal aus meiner Versenkung,
dass sie frei laufen, frei fliegen und springen.
Ich kann mit den Gedanken
wahre Wunder vollbringen.

Jetzt bin ich zu Haus und gleich darauf fern
auf Hawaii, denn da wär ich so gern.
Hawaii und Pearl Harbour aus der jüngsten Geschichte,
aber auf die Bomben der Japaner ich gerne verzichte.

Auf Hawaii möchte ich Wärme und Hula erleben,
auch manches Techtel - Mechtel könnt sich ergeben.
Doch die Hula Mädchen reagieren kalt.
Ich kenne die Ursach`, denen bin ich zu alt.

Flieg rüber nach Indien, dann in den Iran,
weiter im Norden komm ich bei den Eskimos an.
Bei den Eskimos kehre ich in deren Iglus ein,
doch wenn ich da bliebe, müsste ich Fischesser sein.

Müsste mich ernähren von Fisch und von Tran.
Das wäre ganz bitter,
weil ich solches nicht riechen kann.
Den Nordpol würde ich gerne besuchen
und das Springen mit dem Fallschirm
einmal versuchen.

Mit dem Fallschirm springen aus einem Flieger,
wenn ich das schaffe, dann wäre ich Sieger
über mich und meine Bedenken,
ich könnt mir beim Aufprall die Beine verrenken.
Die Gedanken sie laufen, sie springen und fliegen,
möchte Bobby Fischer im Schachspiel besiegen.

Würde gerne ein großes Bauwerk beenden.
Möchte mich gern einreihen in die großen Legenden.
Den Turm zu Babel würd ich gern fertigbauen.
Da würde die ganze Menschheit dann schauen.

Ich geb es bald auf, ich kann nichts dafür,
denn ich find mich nicht zurecht
in dem Sprachengewirr.
Jetzt bin ich im Frankreich
des Ludwig des vierzehnten.
Bleibe da eine Weile, um dann zu verstehen,
welche Schwächen der hatte, das würde ich sehen.

Bin nicht nur auf der Erde, ich fliege herum
bei den Planeten und Monden im Universum.
Flieg weit in den Raum, so dass ich Pluto erkenne
und beim Vorbeiflug an der Sonne
mir die Flügel verbrenne.
Mit verbrannten Flügeln kann ich weiter nicht fliegen,
deshalb wird meine Flugbahn zur Erde einbiegen.

Wie ich mich bewege ist ganz einerlei.
Jetzt schau ich mal kurz bei den Aliens vorbei.
Möchte mit ihnen Gespräche führen
ob sie uns lenken und uns kontrollieren?

Uns auf der Erde ihre Sympathien erweisen
und wie sie durch die Galaxien reisen.
Doch fehlt in meinem Wissen der Ort und die Lage,
darum kann ich den Aliens nicht stellen die Frage.

Ich flieg mit Apollo hinauf zu dem Mond
und blieb ich da oben, dann wär er bewohnt.
Würde täglich zur Erde herschauen
und meiner Schwerkraft nicht mehr vertrauen.

Auch die Geschichte bleibt nicht auf der Strecke,
doch im Augenblick ich beinahe erschrecke,
weil ich mit Columbus auf Reisen gehe
und bei der Ankunft die Indianer gleich sehe.

Sie stehen am Strand und sind fast nackt,
deshalb mich die große Verlegenheit packt.
Ich gehe zurück über den großen Teich,
mache Rast bei Krösus, denn der ist reich.

Er hat Schätze gesammelt, seine Freunde betrogen
vielleicht werde ich bei ihm in Gold aufgewogen.
Ich hab mich geirrt, mich gründlich verschätzt,
muss flüchten, bevor er mich in den Kerker versetzt.

Fliege Jahrhunderte vorwärts zu den Grafen und Ritter`,
bleibe da nicht lange, denn das Leben ist bitter.
Da soll ich ständig schwere Rüstungen tragen
und mich mit den Recken
aus der Nachbarschaft schlagen.

Musste des Nacht für Nacht schlafen im Kettenhemd,
doch solche Mode war mir bisher noch fremd,
deshalb ich heimlich über die Zugbrücke schleiche
und über Wege und Stege in die Freiheit entweiche.

Schaue in Rom bei den Päpsten vorbei,
wie die grad heißen ist mir einerlei.
Ich vertief `mich ins finsterste Mittelalter hinein.
Die gefolterten Menschen hörte ich schrein.

Papst Gregor durch die Länder schreit:
„Euch den wahren Glauben zu bringen, bin ich bereit“:
Die Päpste kennen ein Recht nur, das heißt Inquisition.
„Ihr ungläubigen Menschen, wir verfolgen euch schon.“

Sie predigen dem Volke Himmel und Segen,
doch sind sie alle dem Blutrausch erlegen.
Ich entferne mich lautlos aus diesem Grusel Kabinett
weil meine Psyche diesem Irrsinn entgegensteht.

Im zwanzigsten Jahrhundert in Amerika ich weil
und höre wie ein Richter verhängt ein Todesurteil.
Tom Tooly machte ein großes Geschrei,
bei seiner Hinrichtung war ich dabei.

Da half kein Bitten und kein Flennen,
er musste schließlich Farbe bekennen.
Ich sah ihn ganz deutlich des Weges taumeln
und wenig später am Galgen baumeln.

Flieg vorwärts und rückwärts, gleich in den Gezeiten,
werde mich bei Cäsar auf einen Besuch vorbereiten.
Der Cäsar weilt gerade bei Kleopatra
in Ägypten im schönen Alexandria.

Ich möchte bei den beiden Zaungast sein,
doch die Wächter vor den Toren
lassen mich nicht hinein.
Flieg weiter zurück bis Adam und Eva in deren Garten.
Werde hinter dem Baum die Schlange erwarten.

Als ich ins Paradies kam, war die Eva schon satt
und versteckte ihre Formen hinter dem Feigenblatt.
Hätte sie Äpfel essen dürfen, je nach Belieben,
wäre uns manche Sünde erspart geblieben.

Gleich darauf flieg ich wieder in die Zukunft hinein.
Im Jahre dreitausend da möchte ich sein,
doch mangels Erkenntnis der Zeit und der Lage
kann ich nicht bleiben, das ist keine Frage.

Oft bin ich daheim im luftleeren Raum,
wie lang ich da bleibe, das merke ich kaum.
Ich würde gern sehen wie es mit der Menschheit steht,
wenn noch einmal ein Jahrtausend vergeht.

Ob die sich weiter wie jetzt bekriegen
oder dem Frieden und der Tugend erliegen.
Ob die Reichen den Reichtum verteilen
oder in deren Luxus verweilen?

Ob sich weiter verbreitet die Armut und Not,
das Schicksal bestimmt wird durch Hunger und Tod.
Jene Personen die uns regieren und oftmals verraten,
können von mir keine Treue erwarten.

Ich sehe und höre wie sie sich verbiegen
damit sie möglichst viele Stimmen kriegen.
Sie sollten unser Land in Würde und Umsicht verwalten
doch sie wollen wenn möglich
nur die Privilegien behalten.

Meine Gedanken, sie grübeln,
sie zögern und schwanken
auf einmal sind trübe meine Gedanken,
nicht luftig und leicht und in anderen Sphären.

Wenn Hunger und Not und Elend nicht wären,
könnt ich mit Ihnen das Tief überwinden
und in Gedanken mein Gleichgewicht finden.
Meine Gedanken durchstöbern auch die Religionen.
Falsche Propheten sind nicht zu verschonen.

Ich gehe mit denen ganz hart ins Gericht
denn eine ungebührende Milde kenne ich nicht.

Die Menschen benehmen
sich wie eine Herde von Schafen.
Welche laut blöken und den Propheten folgen
sind für diese die Braven.

In meinen Gedanken durchstreife ich Räume,
von denen ich vorher schon nächtelang träume.
Im Traum bin ich meistens meinen Gedanken voraus.
Ich nenn es Vorahnung, denn so sieht es aus.

Kann mich im Traum steigern, kann mich entfalten.
Nach den Träumen werd ich meine Räume gestalten.
Mit meinen Gedanken durchflieg ich den Äther,
ich komme zurück, mal früher, mal später.

Und bin ich zurück, bin ich zufrieden wohl kaum.
Ich kann mich nur trösten: „Es war nur ein Traum:"
Sonst würde ich verzweifeln, denn meine Hülle
wird auf der Erde verfaulen in aller Stille.

Ich bin jemand, der abends für abends
um das Herdfeuer streicht.
Bin voll gesättigt, doch einen Löffel Honig vielleicht.
Habe Vieles verkostet im Leben bereits,
doch der Hunger nach Wahrheit frisst mich andererseits.

Halt mich an die Wahrheit, halt mich fest daran,
dass ein Glaube der stark ist,
auch Berge versetzen kann.
Gedanken beflügeln mein Ich immerzu.
Halt dich an die Wahrheit, dann wirst beflügelt auch Du.

Gedanken die reißen mich in der Nacht aus dem Schlaf.
Sie geben mir Weitblick,
was ich sonst tagsüber nicht schaff.

Gedanken umschwirren mich zu jeder Zeit,
Sie auch zu erleben, dazu bin ich bereit.
Meine Gedanken berühren auch Eros und Glück
und bringen mich an meinen Ursprung zurück.

So trete ich ein in den Bereich des Schönen und Vollen,
doch es ist eine Frage von Können und Wollen.
Ich durchstreife die Gärten der Lust und der Liebe.
Es wäre zu wünschen, dass es auch dabei bliebe.

Auf allen Wegen und ohne Schranken
bewegen sich weiter meine Gedanken.
Gehen auf Wegen voll Verzweiflung und Trauer.
Wenn ich das erlebe, durchfliest mich ein Schauer.

Es durchfliest mich ein Schauer,
durchfliest mich die Kälte.
Es fühlt sich so an, als ob den Sarg
zu entspringen es gälte.
Verzweiflung und Trauer sind dunkle Mächte,
nur ein Lichtstrahl vom Himmel mir Erlösung brächte.

Ich befass mich mit Dingen wie Alter und Sterben,
möchte bei der Gelegenheit
für die Unendlichkeit werben.
Nach dem Tode werde ich woanders Stellung beziehen.
Die Seele wird aus der leblosen Hülle entfliehen.

Ich denke, eine Zeitlang wird sie noch
in der Nähe bleiben
um zu sehen, was die Zurückgebliebenen treiben.
Gedanken sind ehrlich und Gedanken sind frei,
sie gehen an mir nicht ungeachtet vorbei,
doch sie ermüden mich zeitweilig ungemein.
Tiefgründiges Denken
kann für mich Schwerstarbeit sein.

Es beansprucht auch den Körper, nicht nur den Geist,
nach längerem Denken bin ich ausgepowert dann meist.
Nach geglückter Verrichtung stellt sich Genugtuung ein,
mit meiner geistigen Arbeit kann ich zufrieden nun sein.

Mein Herz wie es Blut pumpt und schlägt
und manches Mal aus dem Taktschlag gerät,
möchte ich beeinflussen können,
denn sollt es mal lahmen, dann wüsste ich Bescheid
und ich sage beizeiten schon Amen.

Meine Seele die möchte ich ergründen,
doch kann ich zu ihr keinen Zugang finden.
Die Seele ist einfach nicht zu erfassen,
auch wird sie niemals in ein Schema passen.

Sie ist einfach nur da und auch wieder nicht da.
Dass ich sie nicht begreife, das ist mir klar.
Mein Alter würde ich gerne vergessen.
Bin überreif geworden schon unterdessen.

Ich flieg in meine Jugendzeit zurück,
fünf Jahrzehnte ich jetzt überbrück.
Ich bin unbekümmert, frisch und siebzehn Jahr.
Mein Gemüt ist voll Zuversicht, hab blondes Haar.

Das Leben fällt mir jetzt nicht schwer
und meine Freiheit, die liebe ich sehr.
Doch bleiben kann ich leider nicht lang,
nicht länger als einen Gedankengang.

Ich versuch es jetzt zwei Jahrzehnte weiter.
Im Rückblick waren die Tage nicht heiter.
Wenn ich könnte würd ich alles anders machen.
Nur lachen würd ich, keine ernsten Sachen.

Gedichte schreiben würd ich auf der Stelle
und beachten nicht mehr das Kommerzielle.
In die Jetztzeit gehe ich nun zurück.
Ich bin am Leben noch, zum Glück.

Was soll ich jetzt ändern am Lebenslauf?
Eine gescheite Antwort fehlt mir darauf.
Wenn ich nochmals zwei Jahrzehnte weitergehe,
werde ich es sicher wissen.
Doch bin ich bis dahin am Ende meiner Wege
und hab bestimmt schon längst ins Gras gebissen.

Meine Gedanken sie fliegen, sie springen und laufen,
doch kann ich damit keine Reichtümer kaufen.
Den Reichtum den die meisten
meiner Mitmenschen meinen,
den streb ich nicht an, den kann ich verneinen.

Den Reichtum möchte ich im Geiste hegen
und falls er einmal da ist, werde ich ihn pflegen.
Mir halten die Gedanken die Gehirnströme rege,
denn sonst würden sie müde und lahm und träge.

Mein Stern

Ich hab einen Stern, der ist mir hold.
Er ist nicht der Größte, aber er leuchtet wie Gold.
Wenn ich hinaufschau kann ich ihn sehen,
am Abend über unserem Hause stehen.

Er leuchtet und funkelt immerzu
und blinkt mir seine Signale zu.
Was er mir mitteilt, kann ich nur raten,
denn ich kann von dem Stern keine Laute erwarten.

Wenn Menschen vor Einsamkeit fluchen,
sie müssten nur einen Stern für sich suchen.
Sich einen Stern auszusuchen, das wäre klug,
denn es gibt für uns Menschen der Sterne genug.

Auf deinen Stern, auf den kannst du bauen,
der wird dich mit Sicherheit überdauern.
Mein Stern ist geduldig und wartet ganz still,
was ich auch mache und was ich auch will.

Auch wenn er verhüllt ist, ist er für mich da.
Wenn die Wolken vorstehen ist er trotzdem mir nah.
Er ist immer zur Stelle, ist immer bereit.
Vom Anfang bis zum Ende meiner Lebenszeit.

Mein Stern kann mich führen, er kann mich leiten
und in mir drinnen wohlige Wärme verbreiten.
Wenn dich die Menschen betrüben und kränken,
ist es ein Labsal an deinen Stern zu denken.

Er wird dich von deiner Trübsal befreien,
somit kannst du den Menschen leichter verzeihen.
Der Stern steht hoch oben am Firmament
in einem Raume den der Mensch nicht kennt.

Wir Menschen wir handeln in kleinsten Schritten,
ins Weltall zu schauen würde ich euch bitten.
Dort draußen sind Räume so groß und rein,
wenn wir das begreifen, könnten wir großzügiger sein.

Ich halt mich am Stern fest der mich leitet und führt,
ihm deswegen meine ganze Ehrfurcht gebührt.
Wenn mich hienieden die Verzweiflung packt,
gehe ich in mich und suche Kontakt
zum Stern, den ich mir ausgesucht hab.

Meine Verzweiflung lege ich ab,
sobald ich sehe, wie er mir blinkt und scheint.
Gleich bin ich in Gedanken mit ihm vereint.

Er ist ein Stern, ist mächtig und weit,
steht am Himmel weit über die Zeit
die ich verbringe in dem Jammertal.
Er hingegen leuchtet weiter im All.

Wir Menschen sind klein nur, sind kleiner als klein,
möchten trotzdem meistens die Größten sein.
Der Stern kann uns ein Beispiel geben,
für ein ruhiges aufrechtes Menschenleben.

Wenn du allein bist, zu Tode betrübt und verzagt
und die Verzweiflung an deiner Seele nagt,
dann nimm einen Stern ganz für dich nur allein,
du wirst sehen, bald wirst du wieder fröhlicher sein.

Dein Stern ist dein Freund und dein Kamerad,
auch wenn er keine verständliche Sprache hat.
Er wird dich begleiten, er wird dich beschützen,
das kann deiner kranken Seele nützen.

Ich halt es so wie ich es immer schon hielt,
mein Stern mit dem Lichte direkt auf mich zielt.
Er hebt meine Psyche, er baut mich auf
und beeinflusst damit meinen Tagesablauf.

Liebe Leute, wenn ihr in Not seid, ich gebe den Rat,
mein Ratschlag ist ehrlich, er wirkt in der Tat.
Sich einen Stern auszusuchen das wäre klug,
denn es gibt für uns Menschen der Sterne genug.

Mein Ablaufdatum

Mein Ablaufdatum hat mich schon ereilt,
dieses Datum hab ich mit Waren aller Art geteilt.
Ohne es zu wollen, ist meine Zeit schon abgelaufen.
Waren mit abgelaufenem Datum würde niemand kaufen.

Obwohl die Ware frisch ist und noch einwandfrei,
die Lust diese zu erwerben ist somit vorbei.
Bei mir ist es so ähnlich, wie bei den Lebensmitteln,
doch diese Vorgangsweise möchte ich bekritteln.

Meine Energien möchte ich gerne
von neuem immer wieder formen,
auch wenn für mich nicht mehr gelten
die gesellschaftlichen Normen.
Wer bestimmt das Ablaufdatum,
wer bestimmt die Strategie,
wenn ich mich daran halte, ich die Konsequenzen zieh.

Auch wenn ich diese und jene Ware noch begehr,
durch das Ablaufdatum ist sie längst
schon aus jeglichem Verkehr.
Ich könnt noch Vieles leisten,
wäre noch lange nicht verbraucht.
Noch hab ich gute Argumente,
mein Hirn ist nicht verraucht.

Auch wenn die Kräfte langsam schwinden
und rar sich macht das Wohlbefinden,
könnt und wollt ich Manches noch erreichen.
Bin ich noch unternehmungslustig,
das seh ich auch als gutes Zeichen.

Wenn auch das Ablaufdatum
schon auf meinem Buckel klebt,
so doch ein Umstand meine Psyche hebt.
Ich werde meine Fantasie und meine Kräfte formen
außerhalb der gesellschaftlichen Normen.

Mein Geist ist eigenständig

Es gibt da Nächte, da schlaf ich tief und fest,
dann wieder solche,
wo mein Geist mich nicht in Ruhe lässt.
Mit einem Schlage bin ich wach
und gleich darauf ich schon Notizen mach.

Ich suche einen grünen Zweig
doch nur dürre Äste liegen da herum.
Und wirres Zeug geht mir im Kopfe um.
Ohne grüne Zweige ist das Schreiben schwer.
Endlich kommt ein Anhaltspunkt daher.

Ich kann ein Gebäude daraus formen
mit Zeichen, Formen, Wörter, Normen.
Ich drück die Augen wieder zu,
denn ich will nun wieder ruhen.
Scheinbar gibt es Verborgenes noch,
in verschiedenen Truhen.

Wieder bin ich wach, mein Geist dreht sich im Kreis.
Ich muss wohl weiterschreiben, ich in den Apfel beiß`.
Zuerst sind es nur kleine Steinchen
die auf meinem Zettel liegen,
doch etwas später lassen sie sich
schon zusammenfügen.

Meine Notizen ergeben noch lange nicht ein Haus,
doch was ich hab notiert,
sieht schon ganz brauchbar aus.
Es wäre schön, wenn ich die verstreuten Elemente
zu einem Ganzen zusammenfügen könnte.

Der Schlaf hat mich wieder neu in sich gefangen.
Bin für kurze Zeit ganz in Ruhe aufgegangen.
Wenig später bin ich schon wieder wach
und halb im Liegen noch, ich schon Notizen mach.

Ein wüstes Durcheinander strömt aus mir heraus.
Jetzt muss ich erst entscheiden, was ich mach daraus.
Auf meinem Zettel stehen Zeichen, Wörter, Normen.
Jetzt kommt es darauf an, etwas daraus zu formen.

Wenn ich auf dem Schreibblock das Gekritzel überblicke
dann fehlen für ein kleines Werk
noch unverzichtbar viele Stücke.
Der Schlaf holt mich nun wieder ein.
Wie kann eine solche Nacht für mich Erholung sein?

Ich träume jetzt wie ich am Schreibtisch sitze
und über meinen Notizblock heftig schwitze.
Ich versuche, dieser Wirrwarr zu entflechten,
mit guten Worten und mit schlechten.

Ich schlichte um, ich baue auf, das Unterste zu obenauf.
Der eine Satz gibt mir zu denken,
denn könnte ich auch gleich verschenken.
Denn das Ganze ergibt so keinen Sinn.
Über mein Geschreibsel sehr betrübt ich bin.
Doch es fallen mir auch Sätze ein,
die könnten am Ende passend sein.

Der Wecker hat geklingelt, zu Ende ist die Nacht.
Hab wenig nur geschlafen, hab viel notiert,
hab über Vieles nachgedacht.
Ich überfliege meine Zeilen, muss hie und da verweilen.
Muss ändern noch ein wenig hie, ein wenig da.
Dass nicht alles gleich auf Anhieb passt, das ist mir klar.

Wenn ich länger daran baue, so ergibt es einen Sinn
und Schluss und Endlich ich zufrieden damit bin.
Mein Geist der ist lebendig,
der braucht nicht immer Ruh.
Wenn mein Körper müd ist,
halt ich einfach nur die Augen zu.

Wenn es mal nötig ist, muss ich meinen Körper quälen.
Mein Geist ist eigenständig,
dem kann ich nichts befehlen.

Die hohen Mauern

Du lebst gefangen hinter hohen Mauern.
Wenn du nicht freikommst, so möcht´ ich dich bedauern.
Dich behindern viele Schranken
im realen Leben so wie in den Gedanken
.
Gesetze sind es die dich so blockieren
und die Religionen lassen dich verirren.
Die Gesellschaftszwänge sind es die dich stören.
Auch auf die Fernsehwerbung sollst du immer hören.

Mach Schluss damit mit allen deinen Fesseln,
denn du sitzt damit immer zwischen zweier Sesseln.
Mach alle deine Türen auf,
die Fenster auch noch obendrauf,

geh hinaus in Wald und Wiese und in Flur.
Lass alles liegen hinter dir und beobacht` nur.
Saug die Welt in dich hinein,
bald schon wirst du freier sein.
Bist du von des Lebens Sorgen noch verhärmt.
Schau einfach aufwärts, wie dich die Sonne wärmt.

Höre drauf wie in der Natur die leisen Töne klingen,
wie auf den Bäumen die bunten Vögel singen
Sieh wie die Blumen blühen auf der Wiese.
Alles fühlen, hören, riechen,
schmecken ist jetzt die Devise.

Mach auf dein Herz und schärfe deine Sinne.
Leb mit der Natur im Einklang,
das erheitert deine Miene.
Deine Mauern siehst du bröckeln und zerfallen.
Wärme zieht herein und Glücksgefühle wallen.

Leg deine harte Schale zu deiner Mauer hin.
Das ist ab diesem Zeitpunkt für dich ein Neubeginn.

Die Lawine rollt!

Ich sehe nicht, ich höre nicht,
ich will mich nicht entscheiden.
Was ist denn meine Bürgerspflicht
und wieviel muss ich leiden?

Ich schott mich ab, zieh mich zurück
und gehe in den Untergrund.
Ich hab entdeckt zu meinem Glück,
allein durch die Bürgerpflichten bleib ich nicht gesund.

Große Lasten haben sich
auf meinen Schultern aufgetürmt.
Das alles ist ein Unrecht, das zum Himmel stürmt.
Ich soll die Lasten tragen helfen,
die Andere haben angehäuft.
Das Wasser steht uns bis zum Hals,
bald man darin ersäuft.

Verursacht haben das Desaster die großen Tiere droben
und jetzt wird die Verschuldensfrage
nur hin und her geschoben.
Die Lawine kommt ins Rollen,
sie saust schon schnell heran.
Es ist die Frage aller Fragen, ob ich noch flüchten kann.

Von Kärnten her breitet sich jetzt die Lawine aus.
Wenn die voll über unsere Köpfe rollt ist es mit uns aus.
Ein Grollen rollt von dort heran,
unser Land davon erbebt.
Eine solche Katastrophe hat man noch nicht erlebt.

Die größte Gefahr besteht darin,
dass sich niemand zu sagen traut,
wie groß die Lawine wirklich ist, die uns zusammenhaut.
Ich als kleiner Bürgersmann, sehe hilflos dem entgegen.
Kein Wunder, wenn sich in mir drin große Ängste regen.

Ich kann nur immer wieder
vor Angst meine Hände ringen
und falls ich noch kann,
werde ich in Sicherheit mich bringen.
Wenn die Lawine uns erreicht,
sind alle Leitungen gekappt.
Ich nehme an,
dass sie sogar über hohe Berge schwappt.

Doch Jener, der das Unheil losgetreten
ist schon eine Weile tot.
Das Schicksal hat ihn eingeholt, es gab kein Morgenrot.
Jene an den Hebeln, wären gut beraten,
wenn sie Lawinendämme bauen täten.

Doch wenn sie über uns zusammenschlägt
werden die sich in die höchsten Berge retten.
Ich bin ein kleiner Bürgersmann und habe keine Macht.
Mich drückt die Sorge um die Zukunft die Kehle zu
bei Tag und auch bei Nacht.

Die Lawine rollt schon auf uns zu,
das sagt man schon im hohen Haus.
Doch welche Dimension sie hat,
da kennt sich niemand aus
Das Ungeheuer war schon umgelenkt
ins schöne Land der Bayern.
Nach dieser Korrektur da konnten wir schon feiern.

Doch haben gewisse Herren dann,
die unser Gut verwalten,
mit aller Kraft und Unverstand
es in unserem Land behalten.
Jetzt bedroht es uns seit Jahr und Tag
unser kleines bisschen Leben.
Wenn ich das ungeschehen machen könnte,
ich würde alles geben.

Es rollt ein Berg aus Schnee und Eis,
Lawine nur genannt,
bei unserm Nachbarn drüben im schönen Kärntner Land.
Das Unheil ist nicht aufzuhalten,
der Zeitpunkt ist verspielt.
Dieses Ungeheuer Tag für Tag
direkt in meine Psyche zielt.

Wenn die Lawine über unsere Köpfe bricht herein,
wird für uns kleine Bürger
nur mehr Ausnahmezustand sein.
Ich würde gerne wie bisher in Frieden leben können
und bis an mein Lebensende
mir noch ruhige Tage gönnen.

Doch die Lawine die da droht
bringt mich aus meiner Fassung.
Dass sie nicht gleich gesprengt ist worden,
war große Unterlassung.

Sie wird uns noch bedrohen, noch eine lange Weile.
Sie kommt bestimmt noch über uns,
doch hat sie keine Eile.
Meine Gedanken fliegen oft ins schöne Kärnten hin,
weil ich mit dem kleinen Kärntner Bürger
ehrlich solidarisch bin.

Was kann er daran ändern, was soll er dazu sagen?
Als Kärntner muss er symbolisch
die größten Lasten tragen.
Was kann er dafür, wenn er da leidet,
wenn er da trotzdem lebt,
wenn die Lawine rollt und ihn als Ersten auch begräbt.

Ich kann ihn auch verstehen,
wenn er genauso denkt wie ich.
Wenn er aufbegehrt, weil er ständig gebürstet wird,
gegen seinen Strich.
Ich sehe nicht, ich höre nicht,
ich will mich nicht entscheiden.
Ich will wie ich geboren bin, ein kleiner Bürger bleiben.

******

Mit den nachfolgenden Themen möchte ich den Leser aufrütteln. Ich will auf die Schwächen der Menschen und unserer Gesellschaft hinweisen. Es liegt mir fern jemanden zu beleidigen oder bloßzustellen.

Menschliches Ermessen

Wie ich eine Botschaft meinem Nachbarn sage,
das ist zweifellos für mich reine Ermessensfrage.
Ich kann damit ihn einfach überrollen,
kann aber auch mit Behutsamkeit versuchen,
ihn in mein Boot zu holen.

Allein wie ich mich ausdrücke, wie ich es ihm nun sage,
das ist für mich wiederrum eine Ermessensfrage.
Gebrauche ich viele Wörter und treffe nicht den Ton,
dann ist das Klima zwischen uns
bestimmt vergiftet schon.

Hast du einen Partner für Firma und Geschäft,
kannst du mit deiner Ausdrucksweise helfen,
damit er wieder ruhig schläft.
Wie du jetzt mit ihm redest, ob es Lob ist oder Klage
das ist auch für dich eine Ermessensfrage.

Bist du Vater oder Mutter von einem kleinen Kind,
es macht dir nur Probleme,
die für euch Beiden kaum zu lösen sind.
Ob du jetzt mit Güte es versuchst
oder mit Zorn erfüllter Klage,
das ist auch für dich wieder die Ermessensfrage.

Hast du Schwarzgeld angehäuft
und Steuern hinterzogen,
hast du die Wirtschaft schwer geschädigt,
den Fiskus keck betrogen.
Du willst es weiterhin so machen,
du willst es einfach wagen.
Das sind schon wieder einmal mehrere
Ermessensfragen.

Du bist ertappt, dich hat man am Schlafittchen.
Bekommst du eine Strafe auf Bewährung
oder wanderst du ins Kittchen.
Wirst du auf Staatskosten nun verpflegt
für viele, viele Tage,
das ist für das hohe Gericht reine Ermessensfrage.

Die hohe Politik will für uns nur das Eine,
will Wohlstand uns bescheren,
sagt die Wahrheit nur die reine.
Doch in fünf Jahren, da hör ich viele Klagen,
das sind wieder einmal mehrere Ermessensfragen.

Im Leben sollte man nicht
an Standpunkten sich messen.
Wie oben schon erwähnt,
es gibt ein menschliches Ermessen.

Das Fundament

Das Fundament ist der Anfang aller Dinge,
ohne dieses ein Hausneubau nicht ginge.
Fundamente braucht man für Kirchen und für Brücken.
Über Brücken sich die Menschen näher rücken.

In die Kirchen kann man eilen
um in Andacht zu verweilen.
Keine Scheune, keine Hütte und kein Haus,
kommt ohne diese Fundamente aus.
Auf diesem baut man Wolkenkratzer
bis in den Himmel rein.
Entsprechend stark müssen diese Fundamente sein.

Ähnlich ist es bei den Menschen,
er braucht auch ein gutes Fundament,
Liebe und Erziehung sein Fundament er nennt.
Beim kleinen Säugling fängt er zum Bauen an,
damit er später auf diese Stütze bauen kann.

Liebe und Geborgenheit sind die Elemente,
die man für ein starkes Fundament benützen könnte.
Fehlen diese Dinge in frühen Kinderjahren,
dann wird der junge Mensch bei Zeiten schon erfahren,
dass sein Lebensweg nicht genügend ist grundiert.
Sein Weg wird unstabil wenn er darauf marschiert.

Wenn er für sich erbaut ein kleines Haus,
dann sieht die Sache ähnlich aus.
Das Fundament wird zerbröseln und zerfallen,
sein Haus bekommt jetzt Risse, er muss dafür bezahlen.
Das Haus stürzt ein, sein Weg ist morsch,
beides ist Geschichte,
denn am Fundament fehlt nun mal die Dichte.

Darum baue nie ein Haus auf losem Untergrund.
Das ist ein Fakt, ein gültiger Befund.
Grundiere deinen Weg bevor du darauf marschierst,
sonst eher als du denkst,
böse Überraschungen erleben wirst.

Die Brücken

Über wieviel Brücken muss man gehen
und auf wieviel Brücken muss man stehen?
Bis man seinen Weg gefunden
und die Unrast überwunden.
Die Frage ist hier pathetisch ausgedrückt,
doch das Leben spielt auch oft verrückt.

Brücken sind es die verbinden
und ganze Täler überwinden.
Sie überqueren große Weiten
und sich über Flüsse breiten.
Auch oft nur über einen Bach,
dass ich beim Überqueren mir nicht nasse Füße mach.

In Kriegen werden Brücken bombardiert,
damit kein Feind darüber mehr marschiert.
Es gibt auch Brücken zwischen Menschen,
die sind symbolisch nur gemeint.
Durch solche Brücken
werden Mann und Frau und Kinder meist vereint.

Man kann auch solche Brücken
sprengen und vernichten.
Über solche Fälle gewisse Medien oft berichten.
Der Mann ist von der Frau getrennt.
Der Eine den Anderen bald nicht mehr erkennt.
Die Kinder sind verloren, falls sie schon vorhanden.
Ihre Brücke vorher sie alle noch verbanden.

Jetzt trennt sie ein tiefer Abgrund
und drinnen liegt die Brücke.
Zwischen den einst Vereinten, klafft eine große Lücke.
Will man solche Brücken wieder neu errichten,

dann muss man wie beim Brückenbau,
Stein auf Steine schichten.
Wenn dann das Fundament beständig ist und fest,
zuerst von hier nach drüben nur ein dünnes Seil,
sich spannen lässt.

Dann große Stücke drüber balancieren
und die Tragkraft ausprobieren.
Zug um Zug wird man dann weitersehen,
bis man mit trockenen Füssen kann darüber gehen.
Stürzt eine feste Brücke erst mal ein,
wird die nach ihr folgende
meist nur eine Hängebrücke sein.

Obdachlos

Ein kleines Wort ist „obdachlos", ist ohne viel Bedeutung.
Um den Sinn des Wortes richtig zu verstehen,
braucht es ein bisschen Vorbereitung.
Das Wörtchen „obdachlos"
kommt nur mit drei Silben aus.
Was hat es für Bedeutung,
für einen Menschen so wie mich,
der ich wohne in einem festen warmen Haus?

Wenn ich das Wort ganz ohne
Zusammenhang erwähne,
ich mir bei diesem Thema jede Mitschuld nehme.
Doch wenn ich in den Sinn des Wortes mich vertiefe,
auch ich sofort nach Schuld und Sühne riefe.

Ein Obdachloser im Ausnahmezustand sich befindet,
kein Band mehr ihn an Gesetz und Ordnung bindet.
Er lebt zwar frank und frei im Untergrund,
doch sein Leben ist beileibe nicht gesund.

Wenn die Temperaturen es erlauben,
kann er unter einer Brücke schlafen.
Tagsüber muss er sich mit Betteln
etwas Proviant beschaffen.
Was ist im Winter, bei Schnee und Frost und Eis?
Es gibt zwar vereinzelt Wärmestuben
wie man inzwischen weiß.

Doch wo bleibt für ihn die Liebe und die Güte?
Mit der Wärmestube hat er längst nicht alles,
Gott behüte.
Wir leben eingebettet in Wohlstand und in Sicherheit,
sind, den Armen davon abzugeben, selten nur bereit.
Der Obdachlose braucht nicht nur die Wärme,
die der Ofen in einem Haus verströmt.
Er braucht vor allem Wärme,
die ihn mit der Gesellschaft neu versöhnt.

Viele werden sagen:
„Er hat sein Elend selbst verschuldet,
es geschieht ihm recht,
wenn er jetzt die Folgen daraus erduldet."
Ich sage nur die Welt ist hart und ungerecht,
deshalb geht es vielen, vielen Menschen schlecht.

Die Gesellschaft ist stets groß im Nehmen
und eher klein im Geben.
Das wirkt sich aus auf den Zustand
von den Armen und auf deren Leben.

Es gibt in der Gesellschaft ein Oben und ein Unten.
Der Obdachlose hat sich meistens unten nur befunden.
Einen Obdachlosen müsst es in unseren Zeiten
auf keinen Fall mehr geben,
wenn wir uns besinnen würden
und nur nach den sozialen Werten leben.

Ich würd gern helfen, aber wie?

Wenn ich die Meldungen betrachte,
dann wird mir angst und bang.
Es gibt den Frieden auf der Welt, keine Minute lang.
Der Hunger hat sich ausgebreitet
über große Teile von der Welt.
Während man wo anders
schon zum Frühstück Kaviar bestellt.

Die Dürre ist bedrohlich in Teilen Afrikas.
Auch mit der Erderwärmung ich mich schon befass.
Der Urwald wird gerodet um Plantagen anzulegen.
Die Fische sind vergiftet, wie Statistiken belegen.

Das Ozon wird immer dünner über unseren Polen.
Und wir noch mehr Erdöl aus der Erde holen.
Flugzeuge lassen viele Tonnen Treibstoff auf uns nieder.
Sie fliegen schon minütlich, sie kommen immer wieder.

Wie die Pest ist der Smog in Chinas großen Städten.
Der Chinese schluckt ihn, er kann sich nicht mehr retten.
Radioaktivität entweicht aus Japans Kraftwerksleichen,
Fukushima kann man mit Tschernobyl vergleichen.

Sturm und Überschwemmung
bringen Nöte und Entsetzen.
Zusammen beide Übel,
tausende in Obdachlosigkeit versetzen.

Wie soll ich helfen und mit welchen Mitteln?
Könnte mir jemand meine Möglichkeit betiteln?
Ich hab grad so viel, dass es zum Leben reicht.
Bin auch nicht als einflussreicher Politiker geeicht.

Mein Horizont erstreckt sich in abgesteckten Grenzen.
Kann den auch wegen meines Alters
nicht mehr groß ergänzen.
Ich bin gefangen in meiner kleinen Welt.
Meine Hilfe könnt sich nicht erstrecken
auf materielle Dinge und auf Geld.

Ich kann nur immer wieder rufen,
doch mein Ruf ist viel zu leis.
Ich wollt nie was Großes werden, das ist jetzt der Preis.
Ich würd gern helfen, aber wie?
Dazu reicht nicht mal meine Fantasie!

Die Gier ist eine schlimme Sucht

Ich kannte einen Menschen, als er noch lebte,
war er mir gut bekannt.
Er hat nicht gemerkt,
dass er auf dem Holzweg sich befand.
Er hatte genug davon, was Andere gerne hätten.
Für genügend Geld, die weiß was, dafür täten.

Im Tresor hatte er ganze Bündel davon liegen.
Trotzdem war sein Schlund nicht satt zu kriegen.
Der Mann war außerordentlich betucht,
doch seine Gier war eine schlimme Sucht.

Trotz Haus und Auto gab er keine Ruh.
Auch sonntags trieb es ihn der Arbeit zu.
Offiziell war er schon lang in Ruhestand
und wurde allgemein auch Pensionist genannt.

Am Arbeitsmarkt agierte er keck
und nahm den Jüngeren die Arbeit weg.

Fremde Länder kannte er nur vom Hören-Sagen.
Ins Ausland wollte er sich niemals wagen.
Als ich ihn einmal darauf ansprach,
sagte er:" Das ist noch verfrüht!"
Inzwischen war seine Frau schon ziemlich abgeblüht.

Er machte niemals Urlaub, schaffte immer ohne Rasten.
Das was von Interesse war,
war viel Geld in seinem Kasten.
Er hatte auch große Sorgen,
falls ihn die Geldentwertung trifft.
Deshalb sah ich ihn immer laufen
mit dem spitzen Rechenstift.

Er war beständig und beharrlich,
ein verbohrter Streber wahrlich.
Er baute sich ein zweites Haus,
kaufte einen dritten Wagen.
Ich wollte ihn gerne nach dem Sinn befragen.
Sein Drang nach Geld ging immer weiter,
doch der Tod war schon lange sein Begleiter.

Eines Nachts griff er dann zu.
„Jetzt gehörst du mir, jetzt gibst du Ruh!"
Es traf ihn ganz und gar unvorbereitet,
als er von hie nach drüben schreitet.
Sein Terminkalender war noch voll ausgebucht
denn seine Gier war eine schlimme Sucht.

Das Kerbholz

Jeder hat ein Kerbholz, doch das ist unsichtbar.
Vor langer, langer Zeit die Schuld da eingekerbet war.
Das Kerbholz war damals in Verwendung,
mangels anderen Mitteln.
Heute unsere Schuldlast wir einfach so betiteln.

Damals war es aus richtigem Holz,
egal ob Eiche, Buche, Fichte.
Wer darauf zu viele Kerben hatte,
den machte es zunichte.
Das Kerbholz war ein Maßstab
für die Schlechtigkeit der Leute.
Es ist lang schon aus der Mode,
ist nicht mehr in Verwendung heute.

Doch das Kerbholz ist symbolisch heut gemeint,
nur ein Tor sein Kerbholz schlicht verneint,
denn das gibt es heut noch immer.
Doch dass wir es nicht sehen, ist bei Leibe schlimmer.

Wir tragen es in unserem Inneren
und spüren es leider nicht.
Das Gewissen ist es, dass es daran erinnert,
dass es uns mal sticht.
Wir haben alle viele Kerben eingeschnitzt,
manche kleine Kerben auch nur eingeritzt.

Viele Menschen laden sich so viel Unrecht auf,
dass auf seinem Kerbholz bald kein Platz ist drauf.
Das Kerbholz eines Säuglings ist blank
und rund und schön.
So sollte es immer bleiben, so wär es angenehm.

Doch die Versuchung bleibt nicht immer klein.
Man müsste Stärke zeigen und Versuchung,
Versuchung lassen sein.
Im Verlauf des Lebens schnitzen wir
eine Kerbe nach der anderen ein.

Eine Kerbe kann nicht mehr ungeschehen werden.
So ist das mit dem Kerbholz
bei uns Menschen hier auf Erden.

Das Gewissen

Jeder Mensch hat ein Gewissen
und wird von diesem ab und zu gebissen.
Hab ich meinen Nachbarn arg beleidigt,
oder vor Gericht mich falsch vereidigt?
Die Lage wäre sehr prekär,
wenn mein Gewissen nicht mehr wär.

Manche Menschen haben eine Schale
so hart wie eine Nuss sich angelegt.
Doch ganz im Inneren jedes Individuums
noch ein kleiner weicher Kern besteht.

Da nagt dann das Gewissen mit seinen
feinen Zähnen, Tag und Nacht daran.
Es nagt mit Nachdruck,
so dass auch der Härteste es spüren kann.

Dass Gewissen nagt dann weiter,
mit unerlässlicher Geduld.
Bis auch jener erledigt seine Schuld,
bis ich mich mit meinem Nächsten hab versöhnt
und meinem Nachbarn sein neues Auto hab gegönnt.

Wenn ich mit mir im Reinen bin,
legt sich auch mein Gewissen wieder hin.
Falls ich mich versündigt habe schwer
und spürte die feinen Zähne nicht,
müsst ich sagen, dass mein Gewissen zahnlos wär.

Ein Spruch gilt noch genauso wie vor langer Zeit,
so wie früher, mit Bestimmtheit auch noch heut:
„Ein ruhiges Gewissen ist ein sanftes Ruhekissen.“

Mein Fenster

Ich sitz am Tisch und schaue durch das Fenster.
Mein Fenster hält mich fern von Lärm und Straßenstaub.
Hätt ich das gute Fenster nicht,
ich wär vom Autolärm schon taub.

Mein Fenster ist noch unterteilt
in sechs kleine Viereckscheiben.
Die Scheiben schützen vor dem Lärm,
der soll gleich draußen bleiben.
Im Fenster sich ein Eisengitter noch befindet,
das ist so stark, dass kein Dieb es überwindet.

Die sollen draußen bleiben, die Schurken und die Diebe.
Mir wär es recht wenn alles Böse draußen bliebe.
Doch wo kommt das Böse her,
wie kann es denn entstehen?
Wenn wir Menschen alle die gleichen Wege gehen.

Bei der Geburt ist jeder makellos und rein.
Wie wird Mancher dann zum Bösen,
wie kann das möglich sein?
Jeder Mensch hat eine Schale,
die ihn vor dem Bösen schützt.
Der neugeborene Mensch sich auf diese Schale stützt.

Doch scheinbar ist nicht bei jedem Kind,
die Schale gleich robust.
Das wird dem kleinen Menschen
auch nicht gleich bewusst.
Durch seine dünne Schale dringt das Böse leichter ein.
So ist das zu erklären, so ähnlich muss es sein.
Dazu ein schwacher Wille,
der nicht an seiner Schale baut.

Die Versuchung hat nun freie Hand
und das Leben ist verhaut.
Die Schale hat den gleichen Zweck,
wie mein gutes Fenster,
alles Böse sollte draußen bleiben
auch Geister und Gespenster.

Wenn meine Scheiben löchrig wären
und fehlt das Fenstergitter,
dann hätte das Böse freie Hand, mein Leben wäre bitter.
Ich schütz mich durch mein Fenster,
vor allem Ungemach,
doch viele Menschen legen ihre Seele
dem Bösen schutzlos brach.

Die Wege

Alle Wege sind verschieden, mal grad, mal kurvenreich.
Die können steinig sein, flach und butterweich.
Wege kann es geben,
vom Gebirgssteig bis zur Autobahn.
Diese beiden Wege man nicht vergleichen kann.

Auf dem Einen kommt man rasend schnell,
am Anderen Schritt für Schritt voran.
So ähnlich ist es mit dem Lebensweg.
Ich versuch es zu beschreiben,
was man darunter heut versteht.

Der Lebensweg beginnt als Säugling,
geht flach und butterweich,
später dann im Leben oft steil und kurvenreich.

Doch alle Wege führen zu einem Ende hin.
Ich kann die Strapazen fühlen,
weil ich darauf gegangen bin.

Ich kann den Weg beginnen, mit ruhig festem Schritt,
kann aber auf ihm wanken,
denn ich schleppe oft einen schweren Rucksack mit.
Kann auf ihm rennen wie ein Irrer.
Wenn ich übertreibe, bin ich schon Verlierer.

Mein Lebensweg kann auch gepflastert sein,
mit Veilchen und mit Rosen.
Kann auf dem Weg mich auch vergnügen,
kann lachen und liebkosen.
Es gibt noch einen Weg, der ist dazu das Gegenteil.
Der ist mit Steinen übersäht, ist kurvenreich und steil.

Man nennt ihn Leidensweg
nach gebräuchlicher Bezeichnung.
Der Mensch wird oft darauf gestellt,
auch ohne seine Weisung.
Er muss die Bürde tragen,
oft ohne Wenn und Aber.
Wenn der Leidensweg zu Ende ist,
bleibt oft nur der Kadaver.

Am Ende jeden Lebens treffen sich die Beiden dann.
Für jeden neuen Menschen fangen dann
die Wege ganz von vorne an.
Der Leidens- und der Lebensweg
kommen an das gleiche Ziel.
Bei der Geburt, bei jedem Säugling,
von vorn beginnt das Spiel.

Ein Licht in weiter Ferne

Ich seh ein Licht in weiter, weiter Ferne,
während ich im Dunkeln mich bewege.
Den Lichtstrahl würde ich so gerne
einmal erkunden aus allernächster Nähe.

Ich mach mich auf dem Weg
um auch im Licht zu stehen,
doch bis dahin muss ich noch weite Wege gehen.
Ich wandere Jahr für Jahr so auf dem Weg dahin,
doch wie mir scheint,
dem Licht ich näher nicht gekommen bin.

Wandere ich durch eine tiefe enge Schlucht,
so habe ich das Licht vergeblich da gesucht.
Die Zeit in der ich in der Finsternis gegangen bin
und die Wege durch die Schluchten
ergaben keinen Sinn.

Ich sah keinen Schein, kein Licht und keinen Schimmer.
Die Wege in die falsche Richtung,
die waren noch viel schlimmer.
Jetzt auf einem hohen Berg hab ich wieder freie Sicht.
Ich sehe einen matten Schein,
muss nun verzweifeln nicht.

Jetzt packt mich wieder Zuversicht
und wieder neuer Mut.
Ein Licht vor meinen Augen das tut der Seele gut.

So wandere ich Tag ein,
Tag aus in einen hellen Morgen.
Wenn ich das Licht erreichen könnte,
ich würde es mir borgen.

Wie mir scheint wird die Entfernung
mal grösser und mal kleiner.
Ich bin nun auf dem richtigen Weg, ja das ist nun meiner.
Solange ich das Licht vorn sehe, bin ich froh gelaunt.
Über diese Wandlung bin ich selbst erstaunt.

Ich erhöhe jetzt mein Tempo
um an das Licht heranzukommen.
Mal sehe ich es deutlich und manchmal
ganz verschwommen.
Ich muss mal hin und wieder
ein großes Hindernis umgehen,
dann kann ich in dieser Zeit
den Lichtstrahl nicht mehr sehen.

Bin ich dann endlich wieder auf dem geraden Weg,
ich mich mit vollem Schwung dem Lichte zu beweg
Schon bin ich unterwegs fast ein volles Menschenleben.
Bin jetzt voll motiviert, dem Lichtschein zuzustreben.

Doch wie mir scheint ist dies ein unnütz Unterfangen.
So wie es aussieht kann ich ihn nicht erlangen.
Ich versuch es nochmals ein allerletztes Mal.
Ganz deutlich sehe ich vor mir den so ersehnten Strahl.

Im nächsten Augenblick ist er mir wieder fern
und scheint nur mehr ganz fahl.
Ich muss es nun erkennen,
dass der Lichtstrahl für mich unerreichbar bleiben wird.
Ich habe mich in meinen Fähigkeiten
mal wieder sehr geirrt.

In gewissen Dingen sind wir Menschen blind,
deshalb müssen wir erkennen,
dass die großen Lichter für uns nicht zu erreichen sind.

Mein Durst

Mich quält ein Durst der ist schwerlich zu beschreiben.
Wenn ich ihn nicht löschen kann
werde ich wohl durstig bleiben.
Ich lechze nicht nach Bier und Schnaps und Wein.
Mein Durst der wird nach meiner Meinung
viel tiefergründig sein.

Den Durst der mich am meisten quält,
lernte ich inzwischen kennen.
Ich würde ihn ganz einfach mit Wissensdurst benennen.
Der Mensch ist wie ein Waisenkind
an seinem Lebensende
auch wenn er Jahrhunderte sich auf der Welt befände.

Nichts was er sieht und was er hört
macht er sich auch zu Eigen
und aus der Überlieferung von den Alten
lässt er sich kaum je etwas zeigen.
Der junge Mensch gibt kaum was auf das Altbewährte.
Somit trifft ihn, wenn der Alte stirbt,
des Lebens volle Härte.

Auch ich hab mich selber oft schon angeklagt,
denn als es noch möglich wär gewesen,
hab ich viel zu wenig nachgefragt.
Inzwischen ist mir klar, wie wenig ich jetzt weiß,
das mich dieser Durst jetzt quält ist sicher der Beweis.

Ich würd gern aus der Quelle trinken
die mich allwissend macht.
Doch wo kann ich diese finden?
Hab oft schon nachgedacht.

Wieviel soll und wieviel darf ich wissen
um es dann auch zu verstehen?
Wie weit darf ich in die Vergangenheit
und in die Zukunft sehen?

Was kann ich als Mensch begreifen,
wie weit reicht mein Verstand?
Auch der Einstein hat erkennen müssen,
dass er mit seinem Wissen
noch ganz am unteren Anfang stand.

Somit ist es ganz vermessen,
wenn ich nach mehr Wissen strebe
und mich in die Reihe der Wissensdurstigen begebe.
Doch wie jeder Mensch auch manches Mal,
ganz banalen Durst erleidet,
mein Wissensdurst sich wesentlich davon unterscheidet.

Denn wie man den gemeinen Durst
mit Wasser löscht in kurzer Frist,
mein Wissensdurst nicht einfach so
mit Flüssigkeit zu löschen ist.

Dazu braucht es einen ganz besonderen Saft
der diese spezielle Brandbekämpfung schafft.
Ich wünsch mir, dass dieses Elixier
noch rinnt durch meine Kehle,
noch bevor ich von hienieden geh,
bevor ich mich empfehle.

Die Kälte

Ich sitz einfach da und hab keine Eile
und glaube nun endlich für überwunden
die lähmende, gähnende Langeweile.

Mit einem Schlag hab ich gefunden
ein Thema, worüber zu schreiben sich lohnt.

Ich seh durch das Fenster,
wie draußen der Winter seit vielen Tagen dort wohnt.
Die Bäume und Sträucher und weiter dahinter,
die Wiesen und Äcker liegen vergraben im Schnee.
Die Häuser und Scheunen, die Gärten und Wälder
liegen starr in der Kälte, zugefroren der See.

Bedeckt sind die Wege, die Straßen und Felder.
Ein Vogel fliegt mit Gezwitscher auf einem Ast,
will auf dem Bäumchen was finden zum Fressen.
Er hüpft in den Zweigen umher, voller Hast.
Ich habe schön warm unterdessen.

Ich denk an die Menschen die ohne Heim
ihre Tage im Bahnhof und unter der Brücke verbringen.
Wenn ich vors Haus geh wird mir kalt ungemein,
aber der unter der Brücke
kann erst ein Lied davon singen.

Kinder tummeln herum, eingemummt wie kleine Zwerge,
für sie sind der Schnee und der Winter ein Hochgenuss.
Die Schneehaufen am Straßenrand
sind für sie weiße Berge.
Die Gesellschaft lebt heutzutage im Überfluss.

Man fährt dicke Autos und wandelt im Nerz.
Nur Schicki - Micki und dabei sein, das zählt.
Anstatt sich zu besinnen und zu öffnen das Herz
wird nur an Profite gedacht und gehortet das Geld.

Ich seh weiter durchs Fenster und bemerke dabei
dass ein Sonnenstrahl durch die Wolken sich zwängt.

Die Welt sehnt auch Sonne und Wärme herbei,
doch noch ist der Himmel mit Wolken verhängt.
Ob auch in die Gesellschaft einst Wärme einströmt,
das wäre zu wünschen. Da stell ich die Frage,
ob sich das Zuviel mit dem Zuwenig versöhnt.
Noch vorher, nicht erst am Ende der Tage?

Mein Kreisverkehr

Mein Leben ist ein Kreisverkehr.
Ich irr herum und weiß nicht mehr
in welche Richtung ich nun gehen kann.
An meiner Kreuzung fangen viele Wege an,
die verlaufen in der Ferne bis in die Unendlichkeit hinein.
Welcher von den vielen Wegen
wird für mich der Richtige nun sein?

Nicht nur an der Kreuzung habe ich Probleme,
auch im Alltag ich mich nach etwas Ruhe sehne.
Doch allzu viele Propheten reden auf mich ein.
Auch wenn ich auf keinen davon höre,
wie kann ich klüger sein?
Sie predigen nur die reine Tugend,
verheißen bis ins hohe Alter Jugend.

Sie versprechen mir von allen Himmeln
jeweils ein großes Stück.
Wenn ich Ihnen folge widerfährt mir nur noch Glück.

Über Ihre Werbung wird mir immer wieder eingeflößt,
ich soll mich daran halten, dann wäre ich erlöst
von aller Müh und aller Pein.
Ihre Werbung fährt in die Gehirne ein.

Die Seligkeit wird vorgegaukelt
und mein Bewusstsein aufgeschaukelt.
Die Wirklichkeit gibt mir den Rest,
wenn sich mein Leben nicht mit den Versprechen
aus der Werbung dann vereinen lässt.

Mich befällt schon wieder großer Frust,
denn ich hab es immer schon gewusst,
dass ich schon wieder Mal versage
so wie heute auch vorher all die Tage.

Auch wenn ich Dies und Jenes habe in Verwendung,
bemerke ich keinesfalls die versprochene Vollendung.
Ich bin weiterhin mit mir überdrüssig,
somit ist jede weitere Werbung für mich überflüssig.

So ähnlich verhält es sich mit meinem Glauben.
Die vielen Religionen können mir die Ruhe rauben.
Es gibt da Götter ohne Zahl, der Eine straft,
der Andere liebt.
War ich mal böse für den Fall, mir einer auch vergibt?

Es wird die ewige Seligkeit versprochen,
doch Versprechen werden auch gebrochen.
Denn niemand weiß wie es wirklich ist,
wenn du erst mal gestorben bist.
So manche Religion
verkörpert nur Prunk und Pomp und Pracht,
die Grundsteine dafür sind immer nur die Macht.

Wie war es in der Vergangenheit,
wie wird es weiter sein?
Was für Interesse fließt in die Religionen ein?

Ich steh noch immer dort an meinem Kreisverkehr,
mich für eine Richtung zu entscheiden
fällt mir unendlich schwer.
Welche Wege soll ich gehen,
wenn mir niemand die Richtung zeigt?
Nach reiflicher Überlegung mir nur ein Ausweg bleibt.
Ich verwende einen Auszählreim,
dann kann mein Lebensweg auch nicht falscher sein.

Das Abstellgleis

Ich fahre gerne mit der Bahn, auch durch fremde Länder.
Wenn möglich nicht nur einmal
sondern mehrmals im Kalender.

Im Waggon fühle ich mich ganz behaglich
wie in einem trauten Heim.
Ich kann durchs Fenster schauen,
manchmal schlafe ich auch ein.

Man könnt darinnen wohnen wie in einem kleinem Haus.
Was geschieht mit denen einmal, das male ich mir aus,
wenn der Lack mal ab ist und alt das Inventar?
Der passt nicht in die neue Zeit, das ist inzwischen klar.

Auf meinen vielen Reisen, habe ich gesehen,
viele alte Züge auf den Abstellgleisen stehen.
Da stehen sie nun und rosten vor sich hin,
obwohl ich noch nicht vor allzu langer Zeit
damit gefahren bin.

Was haben sie geleistet, was haben sie gesehen,
jetzt müssen sie bis zur Verschrottung
auf den Abstellgleisen stehen.

Die Sprayer haben ihre Freude an den alten Wagen,
sie setzen ihre Zeichen drauf ohne wen zu fragen.
Es tut mir in meinem Herzen weh
wenn ich die alten Züge seh.

Sie waren auch mal neu und der Technik neuer Stand
und durch diese Züge man Land mit Land verband.
Sie sind nun alt schon und verbraucht,
das ist der Wahrheit Kern,
sind in der Technik überholt und nicht mehr so modern.

Auch bei uns Menschen ist es ähnlich,
wenn man alt und klapprig wird.
Derselbe Vorgang wie bei den alten Zügen
in den meisten Fällen dann passiert.

Er kommt auch auf ein Abstellgleis,
mal behutsam und mal prompt.
Dort wird er seine Zeit verbringen
bis er zur Verschrottung kommt.

Er wird nicht einmal ausrangiert,
kommt als Ganzes nur dahin.
Wenn man sein Wissen von ihm nehmen würde,
dass ergäbe richtig Sinn.
Die Erfahrung könnt man nützen
mit Sorgfalt und Bedacht.
Doch das wird von den Jungen
meist nur lächerlich gemacht.

Wenn man deren Wissen nützen würde,
wie ein gutes altes Möbelstück,
die Weisheit wäre nicht verloren, sie käme dann zurück.
So ist nun mal der Lauf der Zeit, so wird es immer sein.
Wenn das Neue nicht mehr neu ist,
zieht schon was Neues ein.

Wir müssen uns dem fügen, ob wir wollen oder nicht.
Wenn du erst mal alt bist,
hat dein Wissen kaum mehr ein Gewicht.
Kaum jemand wird dich mehr zum Leben neu erwecken.
Stehst du erst mal auf einem Abstellgleis,
führt kein Geleise mehr zurück auf öffentliche Strecken

Die Zeit

Es ist ein Nichts, ich kann es nicht erfassen.
Ich greif danach, doch ich kann es nicht erhaschen.
Es bestimmt mein Sein, vom Anfang bis zum Ende
und in meinem Leben ich es stets verwende.

Es ist die Zeit, worüber ich jetzt schreibe,
von der ich annehm´, dass sie nicht stehen bleibe.
Sie ist ein Element, das man nicht greifen kann,
sie existiert seitdem, von allem Anfang an.

Nach ihr ist ausgerichtet der gesamte Weltenlauf.
Sonne, Mond und Sterne und das Universum obendrauf.
Wenn ich die Zeit verzögern wollte,
allein es gelingt mir nicht.
Sie ist nicht anzufassen und sie hat auch kein Gewicht.

Die Menschheit hat sie schon geprägt
von der Geschichte bis zur Gegenwart.
Vom Urknall bis in unsere Zeit,
bis zum Menschen unserer Art.
Die erste Art die Zeit zu messen,
die liegt in weiter Ferne.
Damals bediente man sich mit Sonne, Mond und Sterne.

In unserer modernen Welt um Vieles, Vieles später,
misst man die Zeit in tausendstel,
mit dem feinsten Chronometer.
Man wünscht sich oft das Rad der Zeit zurückzudrehen.
Wenn ich die Zeit betrachten möchte,
kann ich keine Räder sehen.

Die Zeit läuft nur nach vorne, nicht einmal noch zurück.
Auch wenn man sich das wünschen würde,
nicht das geringste Stück.
Die Zeit läuft mir davon, das sagt man so dahin.
Das ist die falsche Ausdrucksweise,
da ich mir sicher bin.

Die Zeit kann auch nicht laufen, sie hat ja keine Füß´,
dass sie sich trotzdem fortbewegt,
das scheint mir ganz gewiss.
Ich will, was ich schlecht gemacht,
noch hin zum Guten wenden,
die Zeit vergibt mir nicht, sie zerrinnt in meinen Händen.

Wie soll die Zeit nur rinnen?
Das kann ich nicht verstehen.
Habe schon viel erlebt, doch nie hab ich die Zeit
rinnen noch gesehen.

Man spricht von Zeitenwende,
was ist das, will ich fragen?
Die hat noch nie gewendet,
nicht früher auch nicht in unseren Tagen.

Die Menschheit hat stets Hass gesät
mit Kriegen und mit Schlachten.
Man hat sich gegenseitig hingemetzelt
und die Bomben krachten.

Hätte jemand auf den Knopf gedrückt
und die Zeit wär stehen blieben,
der Schwerthieb und die Explosionen
wären ausgeblieben.

Wie überall im Universum, so auch bei uns auf Erden.
Die Zeit ist das Bestimmende vom ganzen Ablauf,
vom Sterben und vom Werden.
Wir legen uns die Zeit zurecht
mit unserer beschränkten Fantasie.
Sie wirklich zu benennen, das gelingt uns Menschen nie.

Die Zeit ist das Wesentliche
das unser Dasein immer hat bestimmt.
Sie ist auch das Entscheidende
das uns das Leben nimmt.
Wenn ich jetzt genauer hinseh, fällt mir beiläufig ein,
wäre nicht die Zeit,
könnten auch Mensch und Tier nicht sein.

Ich kann die Zeit nicht fassen,
mit Händen und Gedanken.
Sie ist mir überlegen und weist mich in ihre Schranken.
Ich nehm sie hin so wie sie ist,
wie sie mein Leben noch bestimmt
und zähle die Sekunden bis sie mir das Leben nimmt.
Sie ist ein Nichts, ich kann sie nicht erfassen,
ich greif danach, doch ich kann sie nicht erhaschen.

Die Diskrepanz

Voraussichtlich heißt für mich,
nichts Genaues weiß man nicht.
Tatsächlich kann Sicherheit nicht geben,
mein jetziger Bericht.

Voraussichtlich werde ich nächstes Jahr
um ein Jahr älter sein.
Wenn ich tatsächlich dann noch lebe,
werde ich mich freun.
Zwischen Voraussichtlich und Tatsächlich
herrscht eine Diskrepanz.
Der Bedeutung beider Wörter
kann ich mich nicht entziehen ganz.

Tatsächlich bin ich geboren worden
im Jahre dies und das.
Voraussichtlich werd ich alt,
falls ich die Welt nicht vorher schon verlass.
Ich werd gesund und munter bleiben, bilde ich mir ein.
Dieser Zustand wird allerdings
auch nur voraussichtlich sein.

Tatsächlich lebe ich hier und heute,
wie ich mir eingestehe,
nur im kurzen Augenblick,
weil ich nicht in die Zukunft sehe.
Voraussichtlich will ich dies und jenes noch erreichen,
doch meine Zukunftspläne,
die sind kein sicheres Zeichen.

Tatsächlich ist nur der Augenblick
und die Vergangenheit.
Mit dem nächsten Tag zu rechnen,
das liegt schon viel zu weit.

Das werd ich morgen machen, das sagt man so dahin.
In dieser Ausdrucksweise liegt
ganz viel Ungewissheit drin.
Voraussichtlich, sollt ich sagen,
das würde dem entsprechen.

Falls ich morgen noch am Leben bin
und mir nicht die Augen brechen.
Tatsächlich besteht die Welt schon lange, Zeiten.
Voraussichtlich können wir uns
auf ein Fortbestehen vorbereiten.

Doch tatsächlich können wir mit Sicherheit nicht sagen,
ob uns die Erde in Zukunft
auch wie heute noch wird tragen.
Im Voraussichtlich macht auch die Politik
ihre Zukunftspläne.
Würde es Tatsächlich lauten,
die Versprechen auch hinterher zu spüren man bekäme.

Die Religionen machen es wie Politik
und Wirtschaft gleich.
Voraussichtlich kommen die guten Menschen
einst in ein Himmelreich.
Ob tatsächlich schon jemand
in diesem Reiche sich befindet,
kann ich nicht behaupten, meine Skepsis ist begründet.

Man hat den schönen frommen Worten
aufmerksam gelauscht,
doch die Prediger haben Voraussichtlich
mit Tatsächlich stets vertauscht.

Voraussichtlich kann niemals ein Tatsächlich sein,
denn sonst würd ich heute voraussichtlich fortgehen
und käme später tatsächlich wieder heim.
Es sind dies nur zwei kleine Wörter,
doch die bestimmen unser Leben.
Ohne Tatsächlich kann es kein Voraussichtlich geben.

Meine Empfindsamkeit

Der Wetterfrosch sitzt ganz oben auf der Leiter.
Wenn ich vors Haus schau, so ist es draußen heiter.
Bei mir zieht es im Rücken und im rechten Knie.
An Zusammenhänge daran denk ich nie.

Heut bin ich gut gelaunt, doch gestern war ich mies.
Ob daran das Wetter schuld war, ist nicht ganz gewiss.
Heut möchte ich ein wenig Sport betreiben,
ich schwinge mich aufs Rad.
Viel zu wenig mach ich Sport, viel zu wenig in der Tat.

Jetzt werde ich an der Kurbel drehen,
dass es nur so faucht und zischt.
Es ist nicht besonders warm, der Wind hat aufgefrischt.
An die höhere Herzfrequenz
gewöhne ich schön langsam mich.
Als ich schon gut in Fahrt bin,
spür ich im rechten Knie einen ganz brutalen Stich.

Jetzt halt ich erst mal inne,
nehm´ Geschwindigkeit heraus.
Als ob heute schlechtes Biowetter wär,
danach sieht es aus.
Ich schaue erst mal rundherum
und sehe Regenwolken ziehen.
Wenn ich mich beeile,
kann ich den Regentropfen noch entfliehen.

Der Regen rinnt, steh unters Dach,
das sagt mir der Verstand.
Doch kein Dach ist in der Nähe wo ich mich grad befand.
Ich trete an, leg mich ins Zeug, ich gebe richtig Gas.
Umsonst im Handumdrehen bin ich schon klitsche nass.

April, April, macht was er will,
die Sonne scheint schon wieder.
Ich steig vom Rad und setze mich
auf einen Baumstumpf nieder.
Ich bin durchnässt, mich fröstelt schon,
da kann ich mir was holen.
Bei diesem Wetter Rad zu fahren,
hat niemand mir befohlen.

Fühl mich nicht besonders jetzt, ganz depressiv ich bin.
Was ich da mache, sag ich mir,
das hat doch keinen Sinn.
Ich raff mich auf, steig auf das Rad,
als wär ich halb gelähmt.
Ein kleiner Wetterumschwung hat meine Euphorie
schon ganz geschwind gezähmt.

Der Wetterfrosch in seinem Glas,
saß oben auf der Leiter.
Als ich die Wetterlage hab betrachtet,
war sie auch freundlich heiter.
Ich bin patschnass, mir sticht´s im Knie,
was soll ich davon halten?
Meine Empfindsamkeit lässt sich nicht messen,
an den Naturgewalten.

Ich denk zurück, vor kurzer Zeit,
da hat es schlicht gegossen.
Im Regen ging spazieren ich,
hab es angenehm genossen,
mit Schirm und Jacke und Gummistiefel an den Füßen.
Mich hat´s hinausgetrieben,
ich hätt· nicht gehen müssen.

Ich muss jetzt weiterradeln, sonst hol ich mir die Grippe.
Mein Wohlbefinden steht wahrscheinlich
jetzt schon auf der Kippe.
Vor mir fährt jetzt ein Radler, ganz gelangweilt so dahin.
Ich bin zwar um vieles älter,
jedoch noch nicht gestorben bin.

Ich halt mich dran, der Abstand wird nicht größer.
Obwohl ich nass und müde bin,
geht´s mir schon wieder besser.
Wer hat jetzt eingegriffen, hinter meiner feuchten Stirn.
Ich denke, dass die Empfindsamkeit
gesteuert wird im Hirn.

Was lenkt die Empfindsamkeit
in Euphorie und Depression?
Hab oft darüber nachgedacht, hab oft gerätselt schon.
So verschieden schmerzempfindlich
bin ich von Zeit zu Zeit.
Ich stell die Frage in den Raum,
wär steuert die Empfindsamkeit?

Die breite Masse

Heut bin ich melancholisch, ganz flau ist mir zumute.
Wenn ich dran denke, packt mich der Zorn,
ich seh nicht mehr das Gute.
Nur Betrügereien und falsche Reden
dringen ran an meine Ohren.
Ob Zeitungen oder Internet, die Welt ist ganz verworren.

Eine Flut von Versprechungen
schlägt über mich zusammen.
Die Werbung streut in meinem Garten aus
den manipulierten Samen.

Ich die große Frage stelle,
wie kann ich mich noch dem entziehen?
Die Türe zu, die Ohren zu,
sonst müsst ich grad entfliehen.

Ich höre wie im hohen Haus
die Debatte vorwärtsschreitet.
Die großen Ziele für die Zukunft
die sind schon vorbereitet.
Die Herren übertreffen sich,
sie versprechen große Dinge.
Sie verbreiten die Gewissheit
dass es ohne sie nicht ginge.

Das fernste Ziel das sie noch sehen,
ich sag es einfach nur,
ist der nächste Wahltag,
ist die Periode der noch laufenden Legislatur.
Alle Macht in ihren Händen, ja die wollen sie noch retten.
Man könnte ihnen glauben, wenn sie nicht lügen täten.

Wenn die Zeit herankommt,
wenn die Zeit vorüberschreitet,
haben sie für alle Fälle schon eine Seilschaft vorbereitet.
Sie sind so gut, sie sind so toll, ihr Name ist Genie.
Dass sie im Falle alles können, sie zweifeln daran nie.

Ich als kleiner Bürgersmann,
soll mein Wissen stets ergänzen.
Wenn ich mich verändern will,
brauch ich gute Reverenzen.
Der kleine Bürger bemüht sich so,
er kommt und kommt nicht weiter.
Geht ein Direktor bald in Pension,
so rückt er noch nach auf seiner Leiter,
damit er sich was leisten kann in seinen alten Tagen.

Wie geht es dir kleiner Bürgersmann,
darf ich dich danach fragen?

Wir müssen unsere Opfer bringen,
damit man uns regiert.
Uns unsere Untertänigkeit und unsere Nachsicht ziert.
Ich habe weder Geld auf einer Schweizer Bank
noch Gold in dem Tresor.
Auch zu den wirklich Reichen,
schau ich nicht ehrfurchtsvoll empor.

Ich bin ein kleiner Bürger,
habe nie eine hohe Stellung eingenommen.
Habe nie mit einer Seilschaft
hohe Posten noch erklommen.
Vor meiner Pensionierung
konnt ich nicht vorwärtsrücken,
um mein Salär für meine alten Tage
ein wenig auf zu stücken.

Ich steh im seichten Wasser,
wo ich nicht schwimmen brauch,
wo ich mich jetzt befind, geht es ohne Schwimmen auch.
Ich gehöre nicht zu der ach so tollen
edlen reichen Rasse.
Ich bin einfach ein Steinchen nur
in der unteren breiten Masse.

Das Leben – unbeschreiblich!

Was ist das Leben, wie soll ich es beschreiben?
Auf diese Frage muss ich die Antwort schuldig bleiben.
Wenn ich es erklären sollte,
müsste ich ganz einfach passen.
Das Wunder unseres Lebens das ist nicht zu erfassen.

Jedes Wesen ist damit ausgestattet,
mit Leben und mit Genen.
Dass es nicht zweimal das gleiche gibt,
muss ich erst nicht erwähnen.

Uns Menschen ist das Leben
meistens nicht einmal bewusst.
Erst viel zu spät, wenn er schon eintritt ,
vom Leben der Verlust.
Es ist schon vorgegeben,
wie wir durch´s Leben wandeln.
Wie soll ich es beschreiben, wie soll ich es behandeln?

Es gibt mir nicht die Möglichkeit
mich daran festzumachen.
Wir nehmen es als gegeben hin,
wir sollten mal erwachen.
Das Leben ist ein Nichts
und doch das ganze Drum und Dran.
Es ist schon auf der Welt von allem Anfang an.

Es lebt auch die Materie, die Pflanze und das Tier.
Ich muss es nicht erwähnen,
schließlich leben ja auch wir.
Ich kann es so verstehen, so könnt ich es begreifen,
wie einen Windhauch, der braucht uns nur zu streifen.

Wie eine leichte Prise, die die Materie streift.
Dass wäre dann der Anfang, woraus das Leben reift.
Doch woher kommt diese Prise,
von wem und wie und wo?
Man wird mir darauf sagen, die kommt nur einfach so.

Mit dieser Antwort ich gänzlich unzufrieden bin.
Für diese Diskussion ist das ein Neubeginn.

Was ist das Leben, wie soll ich es beschreiben?
Ich muss nun wohl schon wieder
die Antwort schuldig bleiben.

Doch diese Frage ist es, die lässt mir keine Ruh.
Ich quäle mein Gehirn, ich überlege immerzu.
Wie kann das Leben denn entstehen,
aus was, womit und wie?
Ich versuch die Frage jetzt zu lösen
mit meiner Phantasie.

Meine Phantasie, die war das mit der Prise.
Eine bessere Lösung ich weit und breit vermisse.
Mir schmerzt der Kopf, mir wird ganz schwindelig,
weil ich wahrscheinlich mit meiner Theorie
noch ganz im Argen lieg.

Ich kann es nun betrachten wie ich will,
ich kann es drehen, wenden.
Ich komm auf keinen grünen Zweig,
ich muss es wohl beenden,
darüber nachzudenken was das Leben ist.
Es ist für alle Menschen gleich, ob Moslem oder Christ.

Das Leben ist ein Nichts
und doch das ganze Drum und Dran.
Es ist schon auf der Welt, von allem Anfang an.
Ich versuch es noch einmal, ich gebe noch nicht auf.
Von der Geburt bis hin zum Sterben,
das ist der Lebenslauf.

Habe ich das Leben bei der Geburt bekommen,
oder war es schon vorher für mich da?
Oder ist das Leben wie der Moslem sagt
nur einfach „Inschallah?“

Diese Frage steht im Raum, die lässt mir keine Ruh.
Wo ist das Leben sonst geparkt, wer teilt das Leben zu?
Viele haben darüber nachgedacht,
man wird nicht klug daraus.
Wenn ich erst mal gestorben bin,
ist dann das Leben aus?

Oder wird es dann, sobald mein Leben endet
für ein anderes Wesen bei Gelegenheit verwendet?
Wo kommen die vielen Leben her,
wenn alles von einem Anfang kommt?
Das ist ja schier unmöglich, bemerke ich drauf prompt.

Wenn alles Leben aus dem Paradiese kommt,
von Eva und von Adam,
ich mir die Milliarden Leben nicht erklären kann.
Wie ist das Leben einst entstanden,
vor undenkbaren Zeiten?
Woraus ging es hervor, vor vielen Ewigkeiten?

Hat es ein Schöpfer uns gegeben,
wie die Religionen sagen?
Wer hat den Schöpfer einst erschaffen,
möchte ich noch fragen?

Ist das Leben durch Zufall einst entstanden
oder war es lange vorbereitet von irgendeiner Kraft?
Ob wir es Schöpfer nennen oder Zufall
es ist die Macht die das Leben schafft.

Man spricht vom Lebenslicht, wie soll ich das verstehen?
Ich hab bei Lebewesen noch nie ein Licht gesehen.
Uns fehlt die Ausdrucksweise
um das Leben zu benennen.
Wenn das Leben mir begegnet,
ich würd es nicht erkennen.

Wenn das Leben nicht gekommen wär,
als ich damals wurd geboren,
ich wäre nicht am Leben,
ich hätt es vorher schon verloren.

Ich stelle mir das Leben vor, als einen hellen Streifen.
Wenn ich dieses Beispiel nehme,
so könnt ich es begreifen.
Man sagt er hat nach schwerer Krankheit
sein Leben ausgehaucht.
Das trifft den Nagel auf den Kopf,
man sich nicht schämen braucht.

Das Leben ist ein Hauch und trotzdem oft unbändig.
Ich könnt das unterschreiben, da bin ich voll geständig.
Das Leben ist ein Etwas,
ich könnt es besser nicht beschreiben.
Vielleicht komm ich einmal drauf,
ich will Forschung noch betreiben.

Doch die Wege unseres Lebens
die sind total verschlungen.
Dies zu bestimmen ist niemand noch gelungen.
Wir reden oft vom Leben und denken nicht dabei,
worüber wir da reden und was das Leben sei.

Das Leben ist was Großes, es ist nicht zu beschreiben.
Jetzt gebe ich es auf, ich werde wohl mein Leben lang
in dieser Hinsicht noch ganz unwissend bleiben.
Ich könnt noch lange rätseln
und werde nicht klug daraus.
Wenn ich noch lang sinniere,
ist noch vorher mein eigenes Leben aus.

Der Tod ist unbeschreiblich.

Der Tod ist unbeschreiblich, unvermeidbar, oft brutal.
Fest steht hiermit, dass der Tod einmalig ist
auf jeden Fall.
Der Tod kann für uns Menschen das Ende,
doch auch der Anfang sein,
wenn das Leben voller Mühsal,
voller Schmerzen ist und Pein.

Er kann dich aus dem Leben reißen,
oder auch empfangen.
Wenn dein Leben voller Elend war,
dann ist es damit vergangen.
Man sieht den Tod als Sensenmann,
mit schimmerndem Gebein.
Er kann Erlösung sein für dich, er holt dich endlich heim.

Doch andererseits ist der Tod auch schrecklich arrogant.
Du willst noch nicht, doch mit Sicherheit
hat er dich schon erkannt.
Er nimmt dich mit,
da hilft auch nicht dein Bitten und Gezeter.
Er ist dir zugefallen wie im Kartenspiel,
der verpönte schwarze Peter.

Er greift dich auf, er nimmt dich mit, er reißt dich fort
und schleppt deine Seele an einen uns unbekannten Ort.
Wie ist das mit den Jungen, mit den Kindern
die ihr Leben schon verlieren?
Sie werden fortgerissen, sie können sich nicht zieren.

Was für ein langes schmerzerfülltes Leben
oft Erlösung ist,
kann für ein junges frisches nicht ein Gleiches sein,
zu kurz ist noch die Frist.

Wer schickt den Tod, wer hat darüber Macht?
Wer hat die Macht, dass er das Sterben überwacht?

Der Tod ist doch kein Hirngespinst,
auch wenn man selber nicht dran glaubt.
Darüber einmal nachzudenken, ist mehr als nur erlaubt.
Wird unser Tod gesteuert von einer inneren Uhr,
die bei den Lebewesen verschieden tickt,
das frag ich einfach nur?

Der Tod, wenn wir das sagen,
ist damit Einer nur gemeint?
Bei großen Katastrophen sind oft viele Menschen
im gleichen Tod vereint.
Oder gibt es den Tod auch in der Mehrzahl,
darüber denk ich grade nach.
Manche Menschen sterben wenn sie schlafen,
sie werden nicht mehr wach.

Man sagt: „Der Tod hat reiche Ernte eingeholt!"
Auf den Schlachtfeldern hat er ganze Armeen überrollt.
Reiche oder schlechte Ernte gibt es bei einem Bauern.
Wenn ich an das Gleichnis denke,
muss ich grad erschauern.

Jedes Lebewesen das geboren wird,
das hat auch seine Not.
Es durchschreitet eine Berg- und Tal Bahn
und endet dann im Tod.

Wenn ich den Tod benenne,
so mein ich zweierlei nur mit einem Wort.
Ich kann ihn als Individuum begreifen,
der holt mich mit der Sense fort,
ich kann ihm nicht entweichen.

Wenn der Tod für mich ein Ereignis ist,
der Effekt ist ganz der gleiche.
Wenn ich vom Tod gerufen werde,
ich von dannen schleiche.

Er verbindet unser Leben hier,
mit dem Jenseits von dort drüben.
Meinen Übergang von hier nach drüben,
denn würd ich gerne vorher üben.

Es ist die Ungewissheit, was uns erwartet,
wenn wir hinübertreten.
Wir müssen einmal auf die Reise gehen,
wir können uns nicht retten.

Wir werden von dem Leben auf der Welt
in ein anderes übergehen.
Der Tod wird beim Übergang uns leiten
und am Wege stehen.

Er ist da drüben auch zu Haus.
Ich mein, das Jenseits kennt er.
Ich frage mich, für dieses neue Sein,
ist er Vermittler oder Spender?

Jetzt bin ich wohl zu weit gegangen
mit meiner Fantasie.
Doch wer nicht fantasiert, verfällt in Lethargie.
Ich möchte einst mit meinem Tod
in gutem Einvernehmen stehen,
damit ich frohen Mutes,
kann in das Jenseits rübergehen.

„Schnucki, ach Schnucki .....“

Schnucki ist seine Flamme und Kentuki
ist eine Siedlung außerhalb von Wien.
Er will mit ihr heut „volle Kanne“,
so weit sind seine Pläne schon gediehn.
Doch leider hat der Knilch kein Auto
deswegen er mit ihr mit dem Zug hinfährt.
Das hat er ihr mit kurzen Worten
auf seine Weise grad erklärt.

Dies Lied hab ich für mich entdeckt,
einen Song voll Witz und Charme
und das im Wiener Dialekt!

Bei solchen Liedern wird's mir warm.
Da werden Erinnerungen aufgeweckt,
wer da nicht mitkann, der ist arm.
Des Sängers Namen hab ich nicht behalten,
doch von Anfang an,
hatte ich Sympathie mit solch urigen Gestalten.

Wie der mit seiner Flamme spricht,
diese Striezi Sprache kannte ich noch nicht.
Er will mit seiner Flamme ausgehn,
als Mann kann ich das auch gut verstehn.

„In dar Bar Old Schetterhand do spielt a Indianabend“.
In einer Bar mit harten Drinks
er ihr Herz will schnell erweichen,
in der Bar „ Old Schetterhand“ will er das erreichen.
„ Dann in die Pampas auf a Floschn Schampas“
Champagner will er mit ihr trinken
und hinterher wahrscheinlich
mit ihr ins weiche Bettchen sinken.

So ein Striezi, so ein schlimmer,
nur an das Eine denkt er immer.

„ Um holba ochte geht dar Zug, ich hab gesprochen, Hugh“.
Wie die Geschichte ausgegangen,
er nicht darüber spricht.
Was ich mit ihr hätt angefangen
das verrate ich euch nicht.

04. August 2013

Seit vier Wochen ist es heiß,
doch was noch ist viel schlimmer,
wir bekommen seit sechs Wochen
keinen Regen nimmer.
Diese Hitze ist bedrohlich und hat auch ihren Preis,
die Wiesen sind vertrocknet
und auf den Feldern dörrt der Mais.

Ich kann nicht mehr auf Regen warten,
sonst vertrocknet mir der Garten.
Muss meinen Pflanzen täglich Wasser geben,
macht mir auch viel Arbeit eben.
Diese Hitze haut mich nieder
und sie kommt täglich immer wieder.

Such Tag für Tag die Wolken ich vergeblich,
doch ohne Wolken ist kein Regen möglich.
Es ist heiß und heißer jeden Tag.
Die Natur zeigt uns was sie will und was sie mag.
Wir Menschen fliegen zwar zum Mond
doch Regenmachen haben wir noch nie gekonnt.

Als es einmal furchtbar heiß war:

Heut will ich was erreichen,
heut will ich mich am Riemen reißen.
Jedoch draußen wird es heiß,
wie ich von der Prognose weiß.

Ich setz mich hin und überlege mal.
Inzwischen ist der Vormittag vorbei.
Ich bleib noch sitzen, einerlei, denn draußen ist es heiß,
aus allen Poren kommt der Schweiß.
Ich mag mich nicht bewegen,
in die Sonne mich begeben.

Der Tag vergeht, die Hitze bleibt.
Gegen Abend will ich´s richten,
jedoch jetzt reicht die Zeit, mitnichten.
Für heute lass ich Fünfe gerade sein.
Hab nichts vollbracht, trotzdem bin ich müde, ungemein.
Wo ist der gute Vorsatz nur geblieben?
Die Hitze, ja die Hitze hat ihn mir vertrieben.

Der tolle Bekannte

Mein Bekannter hat ´ne Meise,
das sag ich nur ganz leise.
Er könnt es sonst zu Ohren kriegen,
das würde ihm im Magen liegen.
Er macht halt Sachen, unverständlich,
wie zum Beispiel Fallschirmspringen,
am Motorrad Lieder singen, er hüpft von einer Brücke
und hängt an einem Gummiseil.
Er sagt zu mir: „Das ist so geil."

Bei Minusgraden badet er im Teich,
an verrückten Sachen ist er reich.
Hat manche Felswand schon erklommen,
und viele Frauen eingenommen.
Genau das stört mich jetzt am meisten,
denn das kann ich mir nicht leisten.

Ich bin zu Haus und wische Staub,
mach keine großen Sprünge.
Auf meinen Ohren bin ich taub,
falls es um verrückte Sachen ginge.
Geh 'mit den Hühnern schlafen,
denn tagsüber muss ich schaffen.

Trag auch stets den Müll hinunter
und zum Kaufmann geh ich munter.
Ich häng auch mal die Wäsche auf,
mein bisschen Freizeit geht hier drauf.

Zum Fensterputzen bin ich eingeteilt,
derweil mein Weib beim Hausfreund weilt.
Ich sag es nicht, so ist es eben,
ein ödes, mieses Hundeleben.
Wenn ich darüber nachdenk kommt´s mir in den Sinn
dass ich auf den Bekannten furchtbar neidisch bin.

Der Lottogewinn

Als ich im Lotto hab gewonnen,
bin ich mir wie Krösus vorgekommen.
Zuerst konnt ich mein Glück kaum fassen,
doch blieb ich ruhig und gelassen.
Ich hatte auf einmal „Freunde" ohne Zahl,
die Schar wurde größer und das von Mal zu Mal.

Die Leute grüßen mich, auch jene,
die ich bis heute noch nicht kenne.
Ich gab mal hie mal da eine kleine Gabe,
doch auf meinem Dach krächzte schon der Rabe.

Ich haute ab mit dem Geklunker
und versteckte mich im tiefen Bunker.
Ich traute mich nicht mehr vor die Tür,
denn draußen warteten die Geier
wer Geld hat, hat auch Freunde, ist doch die alte Leier.

Die wollten für mich nur das Beste,
in ihren Augen war ich nun der Größte.
Wenn ich nicht achtgeb sind die Taschen leergeräumt
Gut das ich alles nur geträumt.

Der Schmetterling

Ich seh den Schmetterling und denk an frühe Jahre.
Bin auch von Blüt` zu Blüt` geflogen
und durch die Land 'gezogen.
Musst` Vieles erst begreifen,
durch viele Jahre konnt` ich reifen.

Hab Stein auf Stein gebaut und viele Dinge abgeschaut.
Ich glaubte alles schon erlernt,
doch davon bin ich weit entfernt.
Hab auch Vieles falsch gemacht
und an wichtige Dinge nicht gedacht.

Die jungen zarten Blüten interessieren mich nicht mehr.
Auf Gewohnheit und Verlässlichkeit
ich zurzeit nur noch begehr.
Ich könnt mich begreifen jetzt im Alter
als einen müden satten Falter.

Wunschlos

Ich wär so gern, wie soll ich sagen?
Was wär ich gern, müsst ich mich selber fragen.
Bin ich zufrieden mit allem was ich hab?
Was jetzt noch ist, und was sich einst begab?
Hab ich noch Wünsche? Ist die Frage.
Bin ich glücklich, all die Tage?

Ist mein Leben ein Gewinn?
Diese Fragen sind es,
dass ich mir die Antwort schuldig bin.
Hab ich keine Wünsche mehr,
auch wenn ich dies und jenes noch begehr?

Dieser Zustand ist bedenklich,
denn es gibt ein Für und Wider,
wie im Leben ein ständiges Auf und Nieder.
Doch wenn ich keine Wünsche hab,
ist es dann Zeit fürs kühle Grab?

Ich wär so gern, was soll ich mir denn wünschen?
Ich hab ja mehr als ich vertrag,
deshalb ich auch in schweren Zeiten nicht verzag.
Mein Reichtum sich im Kopf bewegt,
hab Vieles noch nicht ausgehegt.
Bevor ich mit mir schlüssig bin,
ist meine Lebenszeit dahin.

Was wär ich gern? Ich kann es noch nicht sagen.
Noch ist die Zeit nicht reif für diese heiklen Fragen.
Bis ich eine Antwort weiß, bin ich sicher schon ein Greis.
Wenn ich auch dann noch keine Antwort hab,
nehm` ich meine Fragen mit ins Grab.
Dieses ständige Her und Hin
zeigt, dass ich mit mir nicht unzufrieden bin.

Fitness

Für mich, als junger Mann, war „Fitness“ keine Frage.
Die Kraft und die Entschlossenheit wurden oft zur Plage.
Nur schnell und schneller konnte gelten.
Mit Rücksicht und Bedachtsamkeit
etwas zu tun, war eher selten.

Wenn ich nachdenk wird mir klar,
dass ich trotz der vielen Arbeit
bis am Abend nicht mal müde war.
Inzwischen ist viel Zeit dahin,
doch eines ist gewiss,
dass ich jetzt oft schon am Morgen müde bin.

Hätt ich die Gelegenheit
das „Einst“ und „Jetzt“ zu tauschen,
erst würde mich diese Möglichkeit berauschen.
Andrerseits bin ich nicht der Schnellste
und bestimmt auch nicht der Hellste.

Doch was ich an Erfahrung Tag für Tag
zusammen hab getragen,
erfüllt mich mit Zufriedenheit und mit Wohlbehagen.
Deshalb, bei näherer Betrachtungsweise,
würde ich gern auf meiner Lebensreise
mich für das „Jetzt“ entscheiden
und voller Dankbarkeit bei meinem Zustand bleiben.

Das Fernweh

Das Fernweh packt mich immer noch,
jedoch früher war es schlimmer.
In der Jugend war es ein schweres Joch,

ich wollt hinaus und hatte von der Welt
nicht einen blassen Schimmer.
Es hielt mich nicht an einem Ort
„sesshaft“ war für mich ein fremdes Wort.

Ich hatte Träume ohne Zahl
und erlebte sie von Mal zu Mal.
Doch irgendeine Kraft hat mich wieder heimgeschafft.
In meines Lebens Mitte, ich vor lauter Arbeit,
Müh und Sorgen, das Fernweh unterdrücken musst.
(In meiner Seele war es geborgen.)

Als ich alle Fesseln abgeschüttelt,
hat dieses Weh mich wachgerüttelt.
Es keimt und brennt und gibt nicht Ruh,
bis ich es immer wieder tu:

Das Reisen, jetzt mit Fahrrad, soweit wie möglich.
Am Besten wöchentlich und täglich.

Jetzt aber diese andere Kraft,
mir wieder Kopfzerbrechen macht
Mein Haus, mein Hof, mein Garten
immer wieder auf mich warten.
So gern ich unterwegs bin, bin ich auch zu Haus.
Diese beiden Kräfte, fechten manchen Strauß.

Bin zwischen beiden, hin und her gerissen.
Mich für eine zu entscheiden werde ich wohl müssen.
Ich lass die Zeit entscheiden,
denn es kommt mit Sicherheit der Tag,
wo ich nicht mehr reisen mag.
Wo dann nichts mehr übrig bleibt, als zu Hause bleiben.

Das Dorffest

Das Fest beginnt, das Bier das rinnt.
Die Henderln prutzeln schon am Spieß.
Ich sitz mit vollem Mund am Tisch,
das Fett tropft von den Fingern mir,
denn heute bin ich Festgast hier.
Ein gutes Essen gönn ich mir,
denn ich sitz beim Dorffest hier.

Ein Dorffest ist nicht alle Tage
und es steht in Zukunft schon in Frage,
denn wenn uns die Murecker einverleiben,
wird unser Dorffest unterbleiben.
Alles sicher anders wird,
wenn jeder Weg dann über Mureck führt.

Den Bürgermeister können wir uns schenken,
weil die in Mureck für uns denken.
Was dann wird aus dem Gemeindeamt,
ist uns bisher nicht bekannt.
Alles soll dann besser werden,
wie bei jedem Zusammenschluss auf Erden.

Ob wir dann noch Eichfeld heißen,
wird die Zukunft für uns weisen.
Über Eichfeld hängt nun Damokletian´s Schwert.
Was die in Graz sich denken, ist doch unerhört.

Unsere Dorfgemeinschaft geht in Flöten,
dass wir dann Klein-Mureck heißen,
wäre noch von Nöten.

Soll das alles kommen für den Fall,
genieß ich unser Dorffest noch ein allerletztes Mal.
Drum sitze ich jetzt hier, bei Henderl und bei Bier.

Eichfeld, meine dritte Heimat

Eichfeld ist ein Dorf und keine Stadt.
Doch auch ein kleines Dorf etwas zu bieten hat.
Wenn ich als Wanderer mich vom Westen her beweg
und unterwegs nicht in das Gasthaus mich begeb´,
so bin ich in ein paar Minuten im Osten wieder raus.
An der Durchfahrtstrasse
reiht sich so manches Haus an Haus.

Die Bewohner sind vom Berufstand her
gemischt mitunter.
Auch vom Bauernstand sind noch einige darunter.
Ein Kaufhaus, der Bürgermeister und die Feuerwehr,
das müsst in jedem Dorfe sein, ich bitte sehr.
Benzin zum Tanken gibt es auch im Ort.
In der Werkstatt kann ich mein Auto richten lassen dort.

Im Gasthaus krieg ich ein gutes Essen und ein Bier.
Auch gibt es viele Schweine hier,
die laufen auf vier Beinen und nicht wie oft auf zwei,
denn dann wäre das die große Sauerei.
Einer Kreuzung, besondere Aufmerksamkeit gebührt,
denn die Straße an der Kreuzung
direkt ins nahe Mureck führt.

An der besagten Kreuzung der Bücherwurm jetzt wohnt.
Ein Besuch in seiner Sammlung
hat sich noch jedes Mal gelohnt.
Das Gras ist grün, die Luft ist rein,
doch manchmal kommen Düfte,
die müssen von den Güllegruben sein.

Doch wenn man hier zu Hause ist,
ist man das alles schon gewohnt.
Anders ist es, wenn du fremd bist.

Wärst du nicht gekommen, hättest dich geschont.
So ist mein Dorf, so ist mein Eichfeld,
meine dritte Heimat, meine kleine heile Welt.

Mich wundert dass ich so fröhlich bin!

Ich fühl mich heut so leicht und luftig ist mein Sinn.
Währenddessen die Armen dieser Welt
den Kampf verlieren um Wohnung und um Essen.
Ich pfeif ein Lied, eine altbekannte Melodie,
bin blendend aufgelegt, ganz in Harmonie.

Da seh ich in der Zeitung kurz die Überschrift:
Familie ausgerottet mit gemeinem Rattengift!

Ich geh jetzt in den Garten,
meine Arbeit kann noch warten
und setz mich auf die Bank,
mir geht's vorzüglich, Gott sei Dank.

Da denk ich an die gestrige Abendschau:
Zehn Tote auf der Autobahn im Stau!

Die Blumen blühen, die Bienen summen,
eine Hummel hör ich schon von weitem brummen.
An den Mord von gestern Nacht,
hab ich zwischendurch gedacht.

Ich bin betrübt, mich packt das Grauen,
man soll nicht so viel fernseh´ schauen.
Ich geh zurück ins Haus, nach einer Weile,
denn heute hab ich Zeit, ich habe keine Eile.

Im Radio die Meldung läuft:
Mutter hat ihr Kind ersäuft,
sie selber mit dem Tode ringt,
weil sie nach dieser Schreckenstat
aus dem vierten Stockwerk springt.

Ich versuch, meine Gedanken jetzt zu fassen
und will mich nicht aus der guten Stimmung
bringen lassen.
Ich denk an Wärme, Luft und blaues Meer,
währenddessen die überfüllten Flüchtlingsboote
nach Lampedusa kommen her.

Das Elend ist bedrohlich,
ein Menschenleben ist nichts wert,
zur gleichen Zeit man einen Fußballspieler ehrt.
Ich bin hin und her gerissen, ich frage mein Gewissen:
„Darf ich trotzdem fröhlich sein,
wenn auf der Welt herrscht unerhörte Not und Pein?“

Mir fällt eine annehmbare Lösung ein.
Wenn ich nicht fröhlich bin, wär es auf der Welt
um das Wohl der Armen auch nicht besser dann bestellt.

Da Hofer

Wolfgang Ambros hat das Lied gesungen,
in meinen Ohren hat es
wie eine Mahnung stets geklungen.

„Schau da liegt a Leich im Rinnsal,
s`Bluat rinnt in ` Kanal!“

Ein Verbrechen war begangen
und der Täter nicht gefangen.

Doch ein Täter muss jetzt her,
der Hofer war´s, ich bitte sehr.
Wie oft haben wir einen Hofer schon beschuldigt,
andererseits falschen Propheten groß gehuldigt.

„Der Hofer war´s vom Zwanzgerhaus.
Des schaut mir so verdächtig aus!
Der Hofer hat an Anfall kriegt,
und die Leich do massakriert!“

Und alle fangen an zu schreien:
„Der Täter kann doch nur der Hofer sein:“
Mit unserem Urteil haben ganze Arbeit wir verrichtet,
er kann sich nicht mehr wehren
und sein Leumund ist vernichtet.

„ Der Hofer wor`s, der Sündenbock,
der Hofer, den wo's kana mog!“
Unsere Empörung ist berechtigt,
denn er war von Anfang an verdächtig.
„Holt in heraus, ihr lieben Leute
und auf ihn drauf die ganze Meute!“

„Und der Haufen bewegt si vire,
hin zu Hofer seiner Türe.“
Da schrein´ die Leit: **„Kumm außer Mörder,**
aus is`heit!“
Jetzt marschieren wir gemeinsam
und schreien uns die Kehlen heiß.
Wir haben einen Leichnam und der Hofer war´s,
wie jeder weiß.

„Geh kumm außer do! Mir dran dir d` Gurgel o!“
Wir wollen den Meuchelmord gleich richten,
und auf Polizei und Richter jetzt verzichten.

**Und sie pumpern an die Tür
und mochan an Krawall als wia
und sie tretatn`s a glott ein,
tät die Hausmeisterin net sein.**

Die sagt: **„Wos ist denn meine Herr`n
tun`s mir doch den Hausfried`n net störn`!
Denn eines weiß ich ganz gewiss,
dass die Leich da Hofa is!“**

Yellow submarine

We all lives in yellow submarine.
Der Paul Mc Cartny hat´s geschrieben,
soviel ist mir von damals in Erinnerung geblieben.
Ein Boot das immer wieder untertaucht,
wir alle sitzen drinnen.
Für uns gibt es keine Möglichkeit
den Fluten zu entrinnen.

Mitgegangen, mitgefangen, ein altes Sprichwort spricht.
Wenn wir uns nicht rapide ändern,
entgehen wir dem Unheil nicht.
Wir unsere Umwelt mit Nagelstiefel treten.
So wie wir uns zurzeit verhalten
können wir uns nicht mehr retten.

Wir zerstören unsre Erde, mit Napalm und Chemie.
Wenn nicht der große Hammer kommt,
ändern wir uns nie.
Der große dicke Bohrer
nach dem schwarzen Gold nicht ruht.
Wir plündern fremde Schätze, unserer Enkel Lebensgut.

Wir haben keine Hemmung, die Erde auszubeuten,
doch was ist dann noch übrig,
wenn für uns die Sterbeglocken läuten?

Auch sind wir überheblich,
wenn es um die Ärmsten geht.
Kaum einer auf der Erde, der sich das eingesteht.
Wir rasen in den Abgrund und wolln´s nicht eingestehen
und werden samt dem U-Boot in den Fluten untergehen.

Wir sollten uns verständigen auf einen Neubeginn,
sonst mit uns einfach nicht mehr auftaucht,
the yellow submarine.

Die habgierige Konsumgesellschaft

Das letzte Hemd hat keine Taschen,
dieser Satz sollte uns zu denken geben,
wenn wir voll Gier
nach dem schnöden Mammon haschen
als hätten wir ein zweites Leben.

Bank und Wirtschaft nur vom Wachstum reden,
anstatt den Hungernden zu geben
werden ungeahnte Schätze angehäuft.
So dass so mancher Macher, in seinem Geld ersäuft.

Das letzte Hemd ist ohne Taschen
und das ist so bestimmt,
dass jeder Mensch dann gleichviel,
mit auf seine letzte Reise nimmt.
Im Leben wird geracker t ohne Rücksicht auf Verlust
und Vielen ist der Umstand nicht einmal bewusst.

Die meisten Menschen sich
dem Wahnsinn nicht erwehren,
denn die Aktienwerte müssen sich vermehren.
Der Eine hat sich großen Reichtum aufgebaut,
auch wenn sein Nachbar durch die Finger schaut.

In diesem Spiel da gibt es kein Erbarmen
und wer denkt in seinem Wohlstand
schon gerne an die Armen?
Heute London, morgen Vegas, so will es die Society.
Schmuck und Klamotten nur vom Feinsten
und mit den Armen nichts zu schaffen,
auch wenn gleich um die Ecke
noch Manche unter einer Brücke schlafen.

Das Gewissen wird gleich kaltstellt,
so ist es auf der ganzen Welt.
Wer hat, der hat, das ist die Masche
und Millionen haben nicht einmal
ein Stückchen Brot in ihrer Tasche.

Das letzte Hemd hat keine Taschen,
das ist symbolisch nur gemeint.
Nach der letzten Reise werden wir mit Sicherheit vereint.
Nach dem letzten Stündchen sind wir alle gleich,
ob vorher Bettler oder König, ausgehungert oder reich.

Alle Menschen, die sind Brüder!

Alle Menschen die sind gleich,
doch viele auch noch mehr als gleich.
Das bezieht sich nicht nur auf arm und reich,
denn viele sind privilegiert,
da kommt es darauf an,
wer gerade an der Macht ist und wer dann auch regiert.

Alle Menschen werden Brüder,
so ähnlich steht es in der Bibel,
doch davon ist noch meilenweit gefehlt,
wenn sich nicht mal unsre Kirche
an solche Sprüche hält.
Der Gleiche und der Gleichere
sind voneinander weit entfernt,
das hab ich bisher in meinem Leben schon gelernt.

Alle Menschen sollen Brüder werden,
ob weiß, ob schwarz, ob gelb, ob rot,
denn schließlich sterben wir am Ende,
alle gleich denselben Tod.
Von der Geschichte bis zur Gegenwart
ist es stets dieselbe Art,
wie Menschen sich klassifizieren
und auf diese Weise die Brüderschaft verlieren.

Ich sehe meinen Nachbarn, der ist gleich,
doch ich bin bestimmt um Vieles gleicher.
Seine Liegestatt ist weich, doch meine noch viel weicher.
Wir müssen uns zusammenreißen
und solche Gedankengänge von uns weisen.

Dass wir alle Brüder sind,
weiß im Grunde jeder Alte und weiß es jedes Kind,
doch welche Menschen gleich und welche gleicher sind,
hat Jahrhunderte die Kirche mitbestimmt

Mein tägliches Brot

Ein Stück trockenes Brot vor mir auf meinem Teller liegt.
Brot in der Not schwerer noch als Silber wiegt.
Ich betracht` mein Brot von allen Seiten,
aus Brot kann sogar ich manch gute Speise zubereiten.

In vielen Teilen in der Welt
hat es seit jeher am täglichen Brot gefehlt.
In einer Bäckerei bei Bekannten habe ich gesehen,
einen Spruch über der Backstubentüre stehen:
„Brot von gestern ist nicht hart,
doch kein Brot zu haben, das ist hart.“
Der Spruch ist gültig, noch in unserer Gegenwart.

Verliert er an Bedeutung, weil man grad vergisst,
wie schlimm der Hunger ohne Nahrungsmittel ist?
Ich halt das Brot in Ehren,
weil ich es selber oft gebacken.
Wenn ich so rede,
fehlt aus meiner Krone nicht ein Zacken.

Ich ess das Brot,
dazu den Apfel von unserm Apfelbaum.
Doch leider tun das viele meiner Zeitgenossen kaum.
Um Brot haben ganze Völker schon gerungen,
bei großer Not haben Hungerglocken schon geklungen.

Anderseits werden täglich ganze Berge Brot vernichtet.
Brot von gestern
wird in die Müllcontainer umgeschichtet.
Gottseidank herrscht bei uns keine große Not,
doch der Wertmaßstab der Gesellschaft ist das Brot.

Wie steht sie zu der Speise die seit ur-uralten Zeiten
uns Menschen nährt und um die, die Menschen streiten.
Brot für die dritte Welt sollten wir spendieren,
damit nicht so viele arme Menschen
an der Hungersnot krepieren.

Ich habe keine Möglichkeit die große Not zu lindern,
doch mein Brot mit Andacht und Zufriedenheit zu essen
daran kann mich niemand hindern.

Die Welt entschleunigen

Die Menschheit muss mal innehalten
und das Gut der Welt gerecht verwalten.
Es soll stets alles rinnen und nicht tropfen,
denn nur mit genügend Wachstum
kann man alle Löcher stopfen.

Unsere Gesellschaft beherrscht bequem
das Loch auf, Loch zu System.
Ein ständiges Wachstum kann es nicht geben,
denn das widerspricht den Sinn
vom artgerechten Leben.
Sehr viel Geld liegt bei den Banken
und vieles in der Schweiz und als Schweizer Franken.

Alles Geld muss sich vermehren,
weil die meisten Güter den Aktionären schon gehören
und die kleinste Stagnation
sehen die als Katastrophe schon.
Diese Spezies uns mit Unrast stets beschert,
dabei ist dieses Hasten nicht einmal lebenswert.

Mit meiner Weisheit komme ich nicht mit,
denn meine Lebensweise
bringt den Aktionären nicht genug Profit.
Man könnte an der Tierwelt
sich ein gutes Beispiel nehmen,
die horten auch nicht alles, was sie grad bekämen.

Ich will die Welt entschleunigen
und bin allein auf weiter Flur,
doch ich will danach leben
und mach das Allernötigste nur.
Ich lebe ohne Datum, ohne Uhrzeit, ohne Zeit,
doch für den Rest der Welt gehe ich zu weit.

Allerheiligen kritisch betrachtet

Ich sitze hier und schaue auf die Straße,
die Autos fahren im Sekundentakt.
Die Menschen, sie sind hektisch,
so als hätte sie der Überlebenswahn gepackt.

Allerheiligen ist´s und Nachmittag um Zwei.
Bald ist auf den Friedhöfen die Prozedur vorbei.
Man sieht den Brauch als angestammte Pflicht,
dem Treiben fernzubleiben ist geziemend nicht.

Es ist ein Rennen und ein Hasten
um Blumen und um Kerzen.
Einmal zurückzustecken kann man nicht verschmerzen.
Am Friedhof stehen nun die Menschen, dicht an dicht
und meinen bösen Nachbarn, den seh ich einfach nicht.

Ich schau herum und sehe nichts als Fremde.
Sich nicht ein Einziger mir Wohlgesinnter
darunter sich befände.

Ach ja, da drüben stehen noch Verwandte
und da vorne noch ein paar Bekannte.
Ich aber gehe hinten rum,
ich sage kein „hallo“, ich bleibe einfach stumm.

Weswegen bin ich heute hier,
wenn ich niemanden ein gutes Wort spendier?
Ich soll die Toten ehren, zum heutigen Gedenken.
Auch meinem Nachbarn
soll ich ein paar gute Worte schenken.

Der Tote der hier liegt, ist nur mehr Staub und Moder.
Als er noch am Leben war,
hätt ich ihn ehren sollen, oder?

Brauch und Brauchtum nicht ersetzen mag,
wenn ich im Leben auf meinen Nächsten
schlicht vergessen hab.

Wischi - Waschi Österreich

Ich bin stolz auf unser schönes Land,
doch seine Schwächen sind mir auch bekannt.
Ich deshalb keine Lobeshymnen sing,
weil bei uns ist alles nur ein Mittelding.

Es ist nichts laut, es ist nichts leis,
es ist nichts hart, es ist nichts weich,
eben nur ein Wischi -Waschi Österreich.

Oft kenn ich mich einfach nicht mehr aus,
drum lehn ich mich jetzt weit hinaus
und gebe meine Meinung kund,
doch das ist noch kein gültiger Befund.

Viele sind hier arm, und wenige auch richtig reich,
dank Wischi - Waschi Österreich.
Ich hab meine Steuern brav bezahlt,
hab nichts mehr zu bestimmen, denn jetzt bin ich alt.

Vor dem Gesetz sind alle gleich.
Doch nein! Es gibt ein Wischi - Waschi Österreich.
Unsere Regierung prinzipiell nicht handelt,
weil rot und schwarz am selben Wege wandelt.

Die müssten sich auf das Wohl vom Volk besinnen,
doch es gibt für sie nur eines,
das sind die Wählerstimmen.

Ein altes Sprichwort steht hier an:
„ Allen Bürgern recht getan
ist eine Kunst die niemand kann.“
Deshalb alles bleibt, so wie es ist,
es bleibt doch alles gleich,
das uns schon bekannte Wischi - Waschi Österreich!

Die Schattenregierung der Welt

Wer regiert die Welt, das frag ich mal,
ich geb` auch gleich die Antwort:
„Das Kapital, das Kapital, das Kapital! “
Ob Ost, ob West, ob Süd, ob Nord,
ich sage nur das eine Wort:
„das Kapital!“

Wir können dem nicht mehr entfliehen.
Die Politik hat ihre Stimme nur geliehen.
Es hält die Welt gefangen,
um derentwegen werden Gräueltaten stets begangen.
Ob Armut, Hunger, Not, ob Verfolgung, Elend , Tod.

Alles hat nur einen Namen:
„das Kapital!“ das ist so sicher wie das Amen.

Jene die im Hintergrund die Fäden ziehen,
sie sind wie Schatten an der Wand.
Wir sehen sie nicht, doch sie sind uns gut bekannt.
Die Großkonzerne geben uns die Richtung an.
Der kleine Bürger nicht mehr selbst entscheiden kann.

Gewinnsucht hat Priorität,
auch wenn man über Leichen geht.
Not und Hunger in der Welt, werden einfach nur bestellt,
damit das Kapital sich gut entwickeln kann.

Milliarden Menschen klagen an,
denen es an Nahrung fehlt,
doch was bestimmt, das ist das Geld.

Jean Ziegler ist ein toller Mann,
auch er hier nichts bewirken kann.
Er ist ein Rufer in der Wüste, wo ihn keiner hört,
doch sein Einsatz für Gerechtigkeit ist wirklich unerhört.

Die Welt versinkt in Lethargie.
Wenn wir nicht alle aufstehen, ändern wir das nie.
Das Kapital hat alle Zügel in der Hand,
es regiert die Welt allein und im Verband
mit Religion und Hungersnot zusammen.
Viele Menschen in der Not sich an Religionen klammern.

Macht und Not sind zwei konträre Dinge,
doch ohne Not die Festigung der Macht nicht ginge.
Ob der Zuständ` die auf der Welt nun walten,
kann ich heute nicht meine Zuversicht behalten.

Ich sinnier darüber und habe mir gedacht
als einziges Mittel dem Übel zu begegnen
halt ich mich fern von jeder Macht.

Wahlkampf

Wahlkampf ist, sowie sonst auch
zu vorgegebenen Zeiten.
Das gibt den Politikern wieder mal Gelegenheit
nach Herzenslust zu streiten.
Auch wenn sie vorher in der Kuschelecke saßen
und aufs regieren schlicht vergasen.
Im Wahlkampf ist der Andere stets der Bösewicht,
nur die eigenen Unzulänglichkeiten
und die Fehler sehen sie nicht.

Wer nicht mehr im Schrank hat alle Tassen,
wird auf den armen, kleinen Bürger losgelassen.
Im Wahlkampf hat man sich zu profilieren,
dabei kann auch so manches Missgeschick passieren.
Vor allem, wenn sich dann herausstellt
wer die Wahlplakate zahlt
und auf diesen Wänden
werden dumme Sprüche hingemalt.

Man versucht sich selbst zu übertreffen,
nur die Grammatik auf diesen Wänden ist banal.
Die Wirkung wäre größer wenn die Wände blieben kahl.
Von Tag zu Tag der Schilderwald wird dichter.
Die, die damit Werbung machen
sind Steuergeld Vernichter.

Zum besseren Verständnis gibt es Diskussionen,
auf denen alle ihre Stärke stark betonen.
Bei solchen Diskussionen kann es auch mal sein,
das Mancher hackt sich ins eigene Gebein.

Sie tun doch alles nur zum Wohle,
für die große Wählermasse.
Oh, wie ich solche Sprüche hasse!
Ich soll auch wählen gehen. denn das ist meine Pflicht,
aber wen und ob ich wähle, das verrate ich euch nicht.

Wahltag ist und Zahltag ist

Fünf Jahre Kuddelmuddel, fünf Jahre Dekadenz.
Nach der Bilanz gehört schleunigst angemeldet
die totale Insolvenz.
Die Schulden sind gestiegen, die Steuern stark erhöht,
die Gläubiger die wanken, die Banken sind in Nöt`!

Sparpaket und Bankenrettung
und in Brüssel unsere EU-Vertretung,
das sind wirklich schlimme Sachen.
Da hat der Steuerzahler lange nichts zu lachen.
Die Steuerschraube wurde kräftig angezogen,
und der Hackler wird um seinen Lohn betrogen.

Auch dem kleinen Unternehmer blühen keine Rosen,
auch dann nicht, wenn er Nägel macht mit Köpfen.
Er wird kaum je etwas erhaschen,
aus den gewissen Töpfen.

Die Großkonzerne es sich im Ausland richten
und mit der Produktion in ferne Länder flüchten.
All das zusammen ist ein fürchterlicher Mist,
da sieht man einmal wieder,
wie leidensfähig der brave Bürger ist.

Der kleine Bürger wird ganz schön betrogen
und bis auf die Unterwäsche ausgezogen.
Miese Hungerlöhne ohne Zahl,
sollten uns zu denken geben,
bei dieser Nationalrats Wahl.

Die Schäfer rufen ihre Herden,
drei von ihnen wollen Bundeskanzler werden.
Bundeskanzler sein, in allen Ehren,
ich will auch diese Würde niemandem verwehren.
Jedoch wenn der Bundeskanzlerposten
nur dem eigenem Ego dient,
dann ist das ein Unterfangen, das sich nicht geziemt.

Es ist nun an der Zeit, dass sich ändert was im Land.
Dass wir so nicht weiterwurschteln können,
ist uns ja bekannt.

Nur ein Erdenbeben, ein wirklich starker Stoß,
fegt diese üblen Brüder von ihrem hohen Ross.
Es dauert nur noch wenige Stunden,
dann haben wir das Warten überwunden.

Wir warten schon allzu lange
und die Wähler stehen Schlange,
dass endlich kommt ein warmer Wind von Süden
oder auch von Übersee,
deshalb ich jetzt richtig wählen geh.

Die Konfrontation

Heute ist Konfrontation
zwischen Rot und Blau, sie wissen schon!
Um Himmels Willen,
der Strache wird doch nicht den Faymann killen!

Frisch geschminkt und toll frisiert,
an Füß´ und Händen manikürt, voll Elan und motiviert,
am großen Tisch an beiden Enden
sitzen nun die Kontrahenten.

So gehen sie in den Kampf, Mann auf Mann,
auf dass der geplagte Seher der ganzen Show
noch etwas Positives abgewinnen kann.
Der Gong ertönt zur ersten Runde,
die Uhr zählt mit, jede Sekunde.

Beide haben spitze Zungen,
so wie sie zu reden, ist mir noch nie gelungen.
Wie sie sich gegenseitig quälen,
dazu braucht man eine dicke Haut.
Deshalb man diese Spezies
zu den Dickhäutern könnte zählen.

Sie zeigen uns wohin es ginge
wenn sie am Ruder säßen.
Die denken wohl wir hätten
die letzten fünf Jahre schon vergessen.

Der Eine sagt dem Anderen
eine Gemeinheit ins Gesicht,
doch dem Andren stören scheinbar
solche Kleinigkeiten nicht.
Der Eine weiß nicht wie ihm nun geschieht,
weil der Andere ein falsches Ass
aus seinem Ärmel zieht.

Beide sind auf ihre Weise ziemlich abgebrüht,
doch darüber zu bewerten, wäre noch verfrüht.
Nach dreiviertel Stunden, zu Ende ist die ganze Leier
und ich weiß nicht ob ich nun Hinze heiße oder Meier.

A steirischer Brauch

Der Voves und der Schützenhöfer saßen auf einer Bank.
Der Voves aß ein Butterbrot, der Schützenhöfer trank.
Da hat der Eine die Idee:
„Wir wollen ganz was Tolles ausprobieren,
in dem wir die Zahl der Bürgermeister mal halbieren.

Was brauchen wir so viel Gemeinden“
der Voves zum Schützenhöfer sprach.
Ohne viel Debatte gab der Schützenhöfer nach.
„Wir machen das ohne viel Geschrei,
wir ziehen es durch und verdienen noch dabei.

Die anderen Parteien haben nichts zu reden.
Schon gar nicht wollen wir fragen
die Bürgermeister, jeden.

Das gibt Gesprächsstoff, das wir garantieren."
Die beiden sind ganz happy
und sich gegenseitig gratulieren.

Wie hat das Volk die Schandtat aufgenommen?
Die meisten sind erst ganz beklommen.
Nach der ersten Schreckensszene
organisieren sich dann jene
die noch ein eigenes Rückgrat haben.
Die anderen sind mit Vorbehalt beladen.

Doch eins ist sicher, liebe Leute,
der nächste Wahltag kommt wie heute.
Wir werden an Euch beide denken
und den anderen Parteien unsere Stimme schenken.

Die Pakete

Ein Paket zu kriegen ist an und für sich
meistens eine nette Sache,
wenn du der Beschenkte bist
und nicht gerade Sprengstoff drinnen ist.

Doch von Zeit zu Zeit wir Pakete kriegen
die uns allen schwer im Magen liegen.
Das bekannteste von allen ist das Sparpaket.
Allein schon die Bezeichnung mir auf den Wecker geht.

Auch im Sparpaket manchmal eine Bombe tickt,
vor allem werden Menschen
aus ärmeren Regionen oft damit beglückt.
Kaum wird je ein solches wieder aufgeschnürt,
das oft zu großen Ungerechtigkeiten führt.

Wer maßt sich an, solche Sachen zu verschenken?
Dass das nicht nur eitle Freude bringt
kann man sich ja denken.
Ein Paket, so groß und schwer,
dass es kaum noch größer geht
ist das uns schon bekannte Bankenrettungsnotpaket.

In dieses Ding wird alles reingegeben
was sonst das Volk benötigen würde
für ein sorgenfreies Leben.
Die Banken nehmen es mit Selbstverständlichkeit,
denn daraus kann man sich bedienen.
Sie nehmen diese Herrlichkeit
mit undurchsichtigen Minen.

Bankenrettung ist die Kunde
und der Bürger zahlt die ganze Runde.
Jene die solche Dinge stets verschenken,
keinesfalls an die Folgekosten denken.
Die großen Bosse haben Milliarden schon verwettet.
Was soll´s? Vom Steuerzahler werden sie gerettet.

Wir Bürger sind wie amputierte Zwerge,
wenn ich auch nur daran denke,
stehen mir die Haare schon zu Berge.
Neben Sparpaket und Bankenrettung
hat man andere Übel noch erfunden.
Für Geschenkpakete gibt es immer wieder Kunden.

Man sollte an die Auftraggeber
einmal ein Paket versenden
und für deren Inhalt Dynamit
und Zyankali nur verwenden,
dann wären wir für die nächste Zeit
von den Typen und den Paketen für allemal befreit.

Im Teutoburger Wald

Ich war schon einmal auf der Welt,
als noch die Zeit nach Monden wurd´ gezählt.
Meine Heimat war Germania,
dort waren nur Teutonen da.

Es war anno 0063 im Teutoburger Wald,
die Wälder voll Gefahren, die Winter waren kalt.
Als Kind wurde ich schon so erzogen,
ich lief herum mit Pfeil und Bogen,
mit Köcher, Schild und Speer,
hinter wilden Schweinen her.

Wochen musste ich oft warten
auf einen guten Schweinebraten.
Hunger hatten Frau und Kinder,
besonders groß war der im Winter.
Auf unserer Hütte, Eis und Schnee.
Ich zu unseren Göttern fleh
um Fleisch und Brot und Grütze.
Meine Frau schimpft mir: „Du bist nichts nütze!"

Heut sitz ich kurz erst auf der Lauer,
nicht mal eines halben Mondes Dauer.
Sitz nur da und gebe acht,
bis sich ein Schwein bemerkbar macht.
Ein Wildschwein grunzt um mich herum,
ich nehm´ den Speer und mach es stumm.

Ich hock erst kurz im Unterholz
und schon ein Schwein, darauf bin ich stolz.
Jetzt muss ich noch das Schwein erreichen,
dann wird es schnell erbleichen.
Wenn ich zurück bin in der Hütte,
schreit meine Frau: „Du meine Güte,

ein Schwein, so rund und dick und fett,
nichts über guten Schweinebraten geht!"

Jetzt muss ich das Schwein erst einmal suchen.
Es ist schon weg, da hilft kein Fluchen.
Wildschweinbraten wünscht ich sehr,
im Namen Wodans, ein Schwein muss her.

Die Nacht bricht nun schon bald herein.
Wenn ich kein Schwein hab, was bring ich heim?
Mein Weib steht schon bestimmt am Kesselfeuer.
Wenn die mal bös ist, ist sie nicht geheuer.

Ich hab kein Schwein, nicht mal die kleinste Zehe.
Gott Wodan ich um Hilfe flehe.
Heut hab ich wieder nichts im Kessel
und kein Schwein am Spies.
Dass es in meiner Hütte heute Zores gibt,
das ist mir jetzt gewiss.

Das Blatt

Der Baum hat Blätter ohne Zahl,
die lösen sich von Mal zu Mal.
Wenn der Herbstwind kommt ins Land herein,
wird für das Blatt das Lebensende sein.
Dann stirbt es ab und fällt und fällt,
geht über in die tote Welt.

Doch auch wenn es gestorben schon
und nicht mehr ziert des Baumes Kron
hat es noch einen langen Weg bevor,
schaut von unten zu dem Baum empor.

Es ist nicht das Ende der Karriereleiter,
die Geschichte von dem Blatt
die geht noch immer weiter.
Ein Blatt löst sich vom Baum, fällt einfach in den Raum.
Es dreht sich und es wendet, die Laufbahn ist beendet.
Ein Windhauch treibt es vor sich her,
das ist ganz leicht, es ist nicht schwer.

Bevor es nun die Erd erreicht,
noch einmal in die Höhe weicht.
Es hat schon Farbe angenommen,
rot und gelb und braun hat es bekommen.

Da liegt es nun ganz schön verlassen,
zwischen Tausenden die sich auch haben
müssen fallen lassen,
auf den Plätzen, Parks und Wegen
in Wäldern, Feldern und auf Stegen.
Es dort einfach liegenbleibt
bis es ein Windstoß weitertreibt.

Es ist noch ganz und unverletzt,
die Menschen trampeln drüber jetzt.
Die Hunde und die Katzen,
sie wischen und sie kratzen
am Blatt herum, die liebe Not,
es ist entsetzt. Auch wenn es tot
möchte es noch Würde zeigen
im naturbefohlenem Reigen.

Der Gärtner kommt mit Schaufel und mit Besen,
das Blatt denkt sich das wär`s gewesen
Es nun auf einem großen Haufen liegt,
die rohe Gewalt, die hat gesiegt.
Da liegt es nun mit tausenden von seinesgleichen.
Es ist am End, kann nicht mehr weichen.

Das schöne Blatt, das kurz zuvor
den Baum noch hat geziert,
liegt nun auf einem Haufen
wo es zum Kompost und zum Dünger wird.

****

Meine Träume sind Teile von tatsächlichen Träumen oft auch nur Bruchstücke davon oder einfach zu Papier gebrachte Fantasie!

****

Träume

Ich hatte einen Traum, verstörter war ich kaum:
Zwei Engel flogen über Strass.
Der Kirchturm steht im Mondlicht blass.
Da kam ein feister Mönch daher,
der Fähnrich und die Feuerwehr.
Der Polizist nahm ganz salopp
den Gangster Frankensteiner hopp.
Der Zug hält an, ich steige aus
und bin trotz allem nicht zu Haus.

Ich hatte einen Traum, verstörter war ich kaum
Ich wanke durch die Wüste und bin schon bald am End.
Ich befürcht´, das ich verdursten müsste,
mir geht es einfach hundeelend.
Mir schwinden schon die Sinne, da seh ich eine Rinne,
mit klarem Wasser fein. Mir fällt es gar nicht ein,
es könnt eine Fata Morgana sein.
Ich geh, ich wank, ich krieche dem klaren Wasser zu.
Wenn ich davon trinke, wär mein Durst gelöscht im Nu.

Ich kriech und kriech auf Füß` und Händen
und seh mich schon im Sandsturm enden.
Ich bin verzagt, ich bin bedrückt,
denn das Wasser in unendlich weite Ferne rückt.

Ich wünsch mir meinen Engel nun herbei
und aus Leibeskräften ich um Hilfe schrei.
Je werde ich aus dem Schlaf gerissen.
Meine Frau steht neben mir, beflissen.
„Du verhältst dich heute wirklich mies,
warum schreist du so entsetzlich, wie am Spies?“

Ich versuche erst mal klar zu denken
und mein Gedächtnis auf gestern Abend lenken.
Ich denke jetzt an letzte Nacht,
bis ein Uhr haben wir gefeiert
und jemand hat mich dann zu Bett gebracht.
Wir haben viel getrunken, das Essen scharf wie Feuer.
Die Musik war viel zu laut, die Mädchen waren teuer.

Ein Brand glüht noch in meinem Innern drin,
ich immer noch wie eingenebelt bin.
Kein Wunder dass ich durch die Wüste geh,
denn in meinem Innern brennt ein Feuer.
Ich nun schnellstens in der Küche steh,
mein Durst ist ungeheuer.

Jetzt kann ich hier genügend Wasser trinken,
das ich im Traume nicht gefunden.
Ich muss nicht auf alle Viere sinken,
noch wie vor ein paar Stunden.
Der Traum ist mir ein Zeichen,
davon will ich nicht mehr weichen.
Über den Durst zu trinken, hat da nichts gebracht,
wenn ich großen Durst muss leiden,
beim Schlafen in der Nacht.

Ich hatte einen Traum, verstörter war ich kaum
Ich saß im Parlament,
auf einer von den hinteren Reihen.
Ich hörte justament den Spindelegger schreien.
Auch Faymann kam einmal zu Wort.
Mir war nicht wohl an diesem Ort.

Ich saß erhöht und hinter einer Dame.
Vor mir saß auch derjenige, mit seinen großen Haaren,
mir fällt nicht ein sein Name.
Die Debatte hat Stunden schon gedauert,
dabei hat der Strache den Pucher aufgelauert.

Die Grünen und die Blauen lagen sich im Haar.
Ich sah den Kurz gestikulieren
und auch den Franky Stronach gar.
Ich war bei dem Theater,
nur der Kasperl hat gefehlt.

Als der Wecker hat geklingelt
war ich wieder in meiner ganz normalen Welt.
Welche Freude, welcher Segen,
denn ich habe ganz entspannt in meinem Bett gelegen.

Ich hatte einen Traum, verstörter war ich kaum.
Ein Buch verfolgt mich, ich habe kurze Beine.
Bin zwar schnell gelaufen,
doch ich komm nicht vorwärts, wie ich meine.
Immer neue Bücher nehmen die Verfolgung auf.
Sie kommen immer näher, obwohl ich kräftig lauf.

Ich nehm noch eine Hürde, dann steh ich an der Wand.
Ob der Buchlawine hinter mir,
die Angst mich übermannt.

Wenn die mich jetzt erreichen,
zerquetschen mich zu Brei.
Da hilft auch keinesfalls mein lautes Wehgeschrei.

Die Bücher halten inne, so als wollten sie beraten.
Mir ist so heiß als würde ich gebraten.
Ich seh es jetzt, das große Buch, das Eine in der Mitte
hebt jetzt die Hand, ich fleh noch eine Bitte!

Die Buchlawine setzt sich wieder in Bewegung.
Ob der Gefahr bin ich nicht fähig
für eine sinngemäße Regung.
Das Unheil rollt und ächzt jetzt auf mich zu,
ich schwitze Blut, mein Hemd ist nass im Nu.

Bevor sie mich erschlagen, mach ich ein Stoßgebet,
denn nichts über einen ordentlichen Abgang geht.
Die Wucht schlägt über mich zusammen.
Unter tausenden von Büchern, bin ich nun gefangen.

Die Luft wird knapp, ich merk es schon,
ich muss ersticken, da gibt es kein Pardon.
Doch kurz vor meinem Ende mobilisier ich meine Kraft.
Ich springe hoch und endlich habe ich es noch geschafft.

Hab mich befreit, welch großer Segen.
Doch als ich bin aufgewacht,
bin ich am Boden neben meinem Bett gelegen.

Ich hatte einen Traum, verstörter war ich kaum

Ich backe Brot, es gelingt mir nicht.
Trotz allem Stress, trotz großer Müh,
wird's nur ein übler Kleister.
Nach der Arbeit, morgens früh,
unendlich schimpft der Meister.

Ich kann mir nicht mehr helfen, ich nicht mehr selber bin.
Doch bevor er mich kann greifen,
flieg ich durch die Luft dahin.

Ich hatte einen Traum verstörter war ich kaum

Ich war in einem Kloster auf Klausur,
vor vielen, vielen Jahren,
denn dahin bin ich mit Pferd und Kutsche noch gefahren.
Zu Hause litt ich große Not,
ich kämpfte stets um Milch und Brot.

Doch hier im Kloster war es herrlich!
Die Speisen waren sehr begehrlich,
auch Wein und Bier gab es im Überfluss
und gewisse Damen kamen noch zum Schluss.

Nach ein paar Wochen, musst ich wieder heim.
Zu Hause wird von der Klausur
dann die Klausur gewissermaßen sein.

Ich hatte einen Traum, verstörter war ich kaum

Zwei Hunde zogen einen Sarg,
der Leichnam stank bestialisch arg.
Im Sarg lag der Direktor einer Bank,
der wurde von der Geldsucht krank.

Ich musste hinterherspazieren,
warum muss das gerade mir passieren?
Als wir am Friedhof angekommen,
wurde uns die Leiche von zwei Geiern abgenommen.
Einer von den Geiern dann die Leiche fraß,
denn diese Vögel lieben ganz besonders solches Aas.

Ich hatte einen Traum, verstörter war ich kaum
Um Mitternacht war ich zu Gast,
im noblen Elysee Palast.
Ich konnt nicht französisch sprechen,
deshalb musste ich radebrechen.
Als die Tafel aufgehoben bin ich aus dem Saal geflogen.

Hoch in luftigen Höhen hab den Eifelturm gesehen.
Graf Zeppelin mit seinem Schiff
hat mich begleitet bis nach Rom.
Dort stieg ich ab zum Petersdom.

Mit ungewohnter Vehemenz
wollt ich beim Papst die Audienz.
Doch leider war er nicht zu Haus,
deshalb ist hier die Geschichte aus.

Ich hatte einen Traum, verstörter war ich kaum
Ein Gebilde wie ein „Hypo“ sah ich am Horizonte steh´n
und Milliarden Euro Münzen sah ich nach Kärnten geh´n.
Dann sah ich noch ein „Hohes Haus“
und Schatten darin hantieren.
Ich macht mir keinen Reim daraus
und einer wollte seinen Weg
mit brauner Schrift markieren.

Über allem Übel ein Name stand geschrieben.
Mir sind nur zwei Silben davon in Erinnerung geblieben.
Die zwei Silben an der Wand
mit Blut sind hingeschrieben.
Ein „ Hai“ und „der“ ich noch entziffern kann,
doch an einen solchen Namen
ich mich nicht erinnern kann.

Vor kurzem haben Bayern sich den Hypo angesehen
und der Hypo sollte unbedingt
mit den Bayern mit nach München geh´n.
Inzwischen hat der „Hypo“
sich zu einem Riesen aufgebäumt.
Mir scheint, oder irr ich mich,
ich hab das alles nicht geträumt.

Ich hatte einen Traum, verstörter war ich kaum
Ich war dabei beim Leichenschmaus,
die Tote war die Braut.
Vor ein paar Stunden hab ich keck
in ihre Augen noch geschaut.

Der Pfarrer und der Advokat wollten ihre Habe.
Ich gab anstatt der Braut den Beiden eine milde Gabe.
Wen wundert's als ich wach,
mich darüber sehr geärgert habe.

Ich hatte einen Traum, verstörter war ich kaum.
Ich flog mit meinem Fahrrad über Freienstein,
mein Hintern schmerzt - ich bin allein.
Als ich einmal inne halte, bin ich plötzlich abgestürzt.
Als ich auf den Boden knallte,
war mein Traum je abgekürzt.

Ich hatte einen Traum, verstörter war ich kaum
Ich sitz auf einem Schlitten und fahre tüchtig Schi.
Wie das vor sich gegangen, das begreife ich doch nie.
Ich ras den Berg hinauf, hinab ich den Schlitten zieh.
Ich nehme es in Kauf, dass die Leute mich belachen
und zeigen mir den Vogel. Ich ignoriere sie
und rase weiterhin auf den hohen Kogel.

Da bin ich konsequent
und führe was ich anfange, auch vehement zu End.
Ich rase weiterhin den steilen Berg hinan,
herunter zieh ich meinen Schlitten
damit ich etwas ruhen kann.
Die Leute sagen, ich sei für die Narrenstube reif.
Doch was sie damit meinen, ich bis heute nicht begreif.

Ich hatte einen Traum, verstörter war ich kaum.
Der König war ein Bettelmann, der Bettler ein Baron.
Der Bettler hatte Seide an, der König ohne Kron.
Hinzu kam noch ein Offizier, zusammen waren wir vier.
Tagsüber sahen wir Bücher an,
spätabends waren wir hier.

Ich hatte einen Traum, verstörter war ich kaum.
Ich fliege durch das Weltall
geradezu auf ein schwarzes Loch.
Doch vorher will ich mich gründlich orientieren noch.
Ich sehe viele, viele Sterne
und eine Menge von Planeten
und in Erdennähe sogar zwei russische Raketen.

Der Weltraummüll fliegt mir nur so um meine Ohren.
Wenn mich ein Stück davon erwischt,
bin ich bestimmt verloren.
Ich hab jetzt stark beschleunigt und flieg seit kurzer Zeit
so durch den Raum dem Andromeda Nebel zu,
in Lichtgeschwindigkeit.

Ich beweg mich auf einer Einbahn
zu den fernen Galaxien,
als hätte ich von der Sonne mir Kräfte ausgeliehen.

Jetzt seh ich vorn die Straße
auf der mit Milch gehandelt wird
und rechts vor mir wie grad ein großer Stern sich ziert.
Nun komm ich in die Nähe von einem roten Riesen
und gleich zu einem weißen Zwerg.
Davor fliegt ein Kolos herum,
es sieht aus als wäre es ein Berg.

Ich will geradeaus, doch irgendeine Kraft
mich aus meiner Bahn in ein Schleudertrauma schafft.
Jetzt sause ich galaktisch zu auf ein schwarzes Loch.
Der Sog wird immer grösser und immer grösser noch.

Jetzt flieg ich in den dunklen Trichter rein,
wie wird es wohl noch weiter drinnen sein?
Der Trichter wird jetzt enger.
Mir wird jetzt bang und bänger.
Ich werde jetzt verdichtet,
wenn es so weitergeht bin ich bald vernichtet.

Der Druck wird grösser immerzu,
mir schnürt es schon die Kehle zu.
Ich bin schon klein so wie ein Samenkorn,
ich gebe auf, ich bin verlorn.
Doch weiter geht es rasend schnell dahin,
bald nur mikroskopisch winzig klein ich bin.

Jetzt hab ich die unendlich große Dichte
dieses schwarze Loch machte mich zunichte.
Bin nicht mehr da, bin nicht mehr existent.
Bin so klein, dass man mich
mikroskopisch nicht erkennt.
Es war ein Traum, der gibt mir heut zu denken.
Wohin will dieser Traum meine Gedanken lenken?

Bin ich ein Spielball in unserer Gesellschaft?
Werde ich fortgetragen von einer fremden Kraft?
Kann ich selbst bestimmen wohin die Reise geht?
Kann ich noch erkennen wohin der Wind mich weht,
oder werde ich am Ende
mikroskopisch klein und verdichtet sein?

Ich hatte einen Traum, verstörter war ich kaum …
Ich träumte mal, ich sei noch jung
und noch im Kindesalter.
Ich flog herum in Wiese, Wald sowie ein bunter Falter.
Ich benahm mich wie ein Schmetterling
der sich auf eine Blüte setzt.
Wenn ich den Traum jetzt analysiere,
bin ich verwundert jetzt.

Ich hatte keine Pflichten noch, ich war nur immer heiter.
Verbrachte meinen Tag mit Spielen,
Laufen, Lärmen und so weiter.
An Spielkameraden hat es mir gefehlt,
denn so wie es schien war ich alleine auf der Welt.

Ich war allein, doch dessen ungeachtet,
habe ich nie mein Äußeres betrachtet.
Ich war zufrieden mit dem Leben
und mit meinem Walten,
musste keine Kompromisse machen,
ich durfte es gestalten.

Ich war immun, mich quälten
nicht die leiblichen Belange.
Des Tages Nöte kannte ich nicht,
es war mir niemals bange.
Es war ein Leben wie im Paradies,
wie konnte es sowas geben?

Ich führte über eine geraume Zeit
ein unbeschwertes Leben.
Doch eines Tages ein Spiegel mir im Wege stand,
ich sah hinein und was heraus sah,
ich es nicht verstand.

Ein Kinderkörper noch jung und ganz zerbrechlich
mit einem Greisenkopf der alt aussieht und schwächlich.
Die wenigen Haare auf dem Kopf waren dünn und weiß,
das Gesicht war grau und runzelig wie bei einem Greis.

Ich wachte auf nach diesem Schock,
nach diesem Traum.
Die Bedeutung dieses Traumes
verstand ich im ersten Taumel kaum.
Doch später ich mit ein wenig Abstand
die Sache neu betrachte.
Das Ergebnis der Betrachtung,
ich geb´ es mir ganz sachte.

Im Traum sind zwar die Komponenten übertrieben,
doch eine Einsicht aus dem Traum ist mir geblieben.
Wenn der Körper alt ist und jung
und frisch noch das Gemüt,
dann kann es sein, dass ab und zu
ein solcher Traum dir blüht.

Ich hatte einen Traum verstörter war ich kaum ....
Ich sitz auf einer Bank in meinem Kräutergarten,
es scheint mir so als wollt ich was erwarten.
Ich sitze nicht als Ganzes hier,
sondern nur die festen Elemente.
Mein Geist der hat sich fortgemacht,
als ob er fliegen könnte.

Ich bin mein Geist,
könnt mich als Seele auch betrachten.
Die meiste Zeit muss ich
in dieser Fleischeshülle schmachten.
Sehe jetzt von oben runter auf mein ständiges Quartier.
Es regt sich nicht, es sitzt nur da,
denn das Leben ist bei mir.

Dieser Körper ist für mich wie ein schwerer Hinkelstein.
Wie könnt ich unbeschwert ohne diese Hülle sein.
Könnte hier und dort und drüben wohnen,
wäre gleichzeitig zu Hause in vielen Dimensionen.

Bräuchte nicht mehr zu horchen auf Leber,
Herz und Lunge.
Müsst` mich nicht verständigen nur mit einer Zunge.
Wäre nicht gebunden an eine Ablaufzeit,
wenn ich fliehen könnte, ich wäre schon bereit.

So sehe ich von oben runter auf einen Klumpen Fleisch.
Ich kann nicht länger bleiben, weil ich Mitleid heisch.
Muss zurück in meine Hülle,
in ein mir anvertrautes Heim.
Sobald ich sie berühre, wird sie lebendig wieder sein.

War es ein Traum nur oder ist die Seele mir entwichen?
Hat sich aufgemacht, ist aus der Hülle fortgeschlichen?
Diesmal saß ich auf der Bank, als wollt ich was erwarten.
Saß nur ohne Regung da in meinem Kräutergarten.

Zum Glück ist nicht eingetroffen, was ich erwartet hab.
Meine Seele ist zurück, sonst wäre ich im Grab.
Nicht nur auf der Bank in meinem Kräutergarten
schien ich schon mehrmals etwas zu erwarten.

Oft lag ich im Bett im Schlaf und im tiefen Traum.
Dass die Seele sich verflüchtigt hatte,
verspürte ich wohl kaum.
Doch sah ich immer wieder wie ich im Bette schlummer`
sah friedlich drein ohne Sorg und ohne Kummer.

Ich hab den Körper eine Zeitlang so betrachtet,
der lag regungslos nur da, das habe ich beachtet.
Ich sehe wie er so friedlich in seinem Bette liegt.
Ich fahr in den Körper jetzt zurück,
somit das Leben hat gesiegt.

Es kommt der Zeitpunkt,
wo ich meine Seele ziehen lassen muss.
Der Gedanke daran macht mir keinerlei Verdruss.
Bleibt sie noch in mir oder will sie sich erheben?
Das ist dann eine Frage von Sterben oder Leben.

Träume sind nur Schäume,

irgendwo zu lesen steht.
Doch ich möchte dies widerlegen.
Meine Träume sind oft voller Kurzweil,
auch schockierend echt, hingegen.
Wenn ich manchmal aufwach,
benebelt noch vom Traum,
kann ich mich erinnern, noch an deren Ablauf kaum.

Doch ich hab auch manchmal Träume,
die verfolgen mich bei Tag,
auch wenn ich mich nicht gerne
daran zurückerinnern mag.

Ich wollt, ich könnte träumen von Liebe,
Glück und Laster.
Mich auch besonders reizen könnte,
Reisen, Spiel und Zaster.
Aber meistens ist das Gegenteil der Fall.
Grundsätzlich sind sie ähnlich, all meine Träume all.

Ich mein, ich hab im Traume, noch Vielerlei zu richten,
muss auch manches Mal
noch schwere Mehlsäck schlichten.
Brot und Eier sind die Elemente
auf die ich im Traum verzichten könnte.

Doch scheinbar ist aus vergangenen Tagen,
noch dies und jenes abzutragen.
Viele Träume hatt ich schon,
wo schwer hab ich mich abgemüht,
die machen mich bedenklich.
Um die einfach zu vergessen,
bin ich zu wenig abgebrüht.

Ein Traum kann mich aus der Fassung bringen,
auch musst ich schon mit einem Ungeheuer ringen.
Doch Träume sind nur Schäume,
ich mir immer wieder sag,
auch wenn sie mich verfolgen den ganzen lieben Tag.

****
Seit meiner Kindheit haben mich mehr oder weniger immer Bücher begleitet. Als ich dann endlich beide Hände frei und die nötige Zeit dazu hatte, konnte ich mich dem Lesen und sammeln von Büchern verstärkt widmen. Das Pseudonym „Bücherwurm“ trifft den Nagel auf den Kopf. Denn wir haben inzwischen in Eichfeld eine umfangreiche Sammlung aus vier Jahrhunderten.

****

Bedrohung oder Segen?

In meiner Kindheit hat alles angefangen.
Zuerst mit „Wunderwelt, Jerry Cotton“, kam dahinter.
Ich las zu jeder Jahreszeit, am meisten doch im Winter.
Ich schafft 'mir viele Bücher an,
bei „Donauland“ und „Bertelsmann“.

Meine Bücher hab ich stets gehegt.
Der Grundstein für die Sammlung wie sie heut besteht
war bereits in jungen Jahren mit Sicherheit gelegt.
Das Lesen gab mir immer schon
ein Erleben und Genießen,
doch kann der Inhalt mancher Bücher
mir das Lesen auch verdrießen.

Die Bücher haben mich begleitet
durch ein Leben voller Taten
und hatte ich einmal keine Zeit,
ich wusste, dass sie auf mich warten.

Bücher auch zu sammeln, daran war mir stets gelegen.
Erst hier in Eichfeld hatte ich die Zeit
eine große Sammlung anzulegen.

Wenn ich es wieder einmal eilig habe,
die Bücher mögen mir verzeihen,
dann geh ich einmal durch die Reihen
und mich an deren Anblick labe,
dann bekomm ich wieder Gleichgewicht.
Ganz ohne Bücher könnt ich nicht.

Die Sammlung wächst von Tag zu Tag,
ich nicht mehr so lange zählen mag.
Inzwischen mir viele Menschen Bücher gratis geben,
dank „Büchersammelstelle“ eben.

Doch die Gewissheit,
dass noch Millionen Bücher draußen warten,
droht mir mein Leben zu entarten.
Jetzt gilt es erstmals abzuwägen:
Sind meine Bücher mir Bedrohung oder Segen?

Die Bücherrettung

Ich bin die Bücherrettung
und die Gründung dieser
war bestimmt die glücklichste Verkettung.
Ein Buch für mich ist ähnlich wie ein Kind.
Ich bin schon unterwegs, wenn Bücher abzuholen sind.

Ich fahr zwar ohne Blaulicht, jedoch in Windeseil,
damit ich noch erhasche, den mir zugedachten Teil.
Ich hol die armen Bücher
weil sie wo anders überflüssig sind.
Ein Buch ist überflüssig? Ich das töricht find.

Bei mir da stehen sie mit ihresgleichen
in den Regalen die bis an die Decke reichen.

Inzwischen sind es zweimal hunderttausend
die ihr zweites Leben hier verbringen.
Über diese Sammlung
kann ich eine Lobeshymne singen.
Bücher sind wie Bücher eben sind.
Ob der großen Menge ich ihm Dilemma mich befind.

Der Platz wird eng, das Haus zu klein,
bald passt kein weiteres Buch mehr rein.
Alle ein, zwei Jahre bau ich ein Stück dazu,
trotz der neuen Räume gibt es keine Ruh.

Die Bücher sind zwar ruhig und geben keinen Laut,
doch wenn sie sich so rasend schnell vermehren,
es mich aus den Socken haut.
Ich mag sie trotzdem gern,
doch sie bereiten mir auch Sorgen.
Was mach ich mit den vielen Büchern,
morgen oder übermorgen?

Mir geht es wie dem Zauberlehrling,
der den Spruch vergas
und dadurch die Möglichkeit das Unheil
abzustellen nicht besaß.

Wenn ich nochmals auf die Welt komm,
werd ich ein echter Bücherwurm,
dann fress` ich sie zusammen,
sonst land` ich noch einmal in einem Narrenturm.

Die gefangenen guten Geister

Ich sitz am Tisch und denke nach,
denke nach, worüber ich jetzt denken soll.
Mein Gehirn liegt heute brach,

es fühlt sich an, als wär es hohl.
Ich versuch jetzt einen auserlesenen Gedanken,
doch nichts, denn meine Sinne schwanken.

Ich lass mal meine Blicke kreisen
über Herd und über Kühlschrank schweifen.
Ich weiß damit nichts anzufangen,
so flau ist´s mir noch nie gegangen.
Im Herd brennt noch ein Feuer,
das Brennholz ist jetzt ziemlich teuer.

Im Kühlschrank Lebensmittel ich vermute,
vielleicht auch Schokolade, die dunkle, feste, gute.
Ich seh noch eine Fliege,
sie sitzt jetzt auf dem Wasserhahn.
Wenn ich die Fliege kriege,
die was von mir erleben kann.

Am Boden liegt ein Stück Papier.
Ich müsst auch mal zusammenräumen hier.
Im Fernsehen läuft jetzt „Wetten dass, "
doch diese Sendung find ich krass.

Die Bank auf der ich sitze
die fühlt sich heute härter an als gestern,
ich nehm` es hin,
ich will nicht über meine Möbel lästern.

Jetzt durchzuckte mich ein Geistesblitz,
ich merk erst jetzt worauf ich sitz.
Auf einem Buch von einem alten Meister.
Ich sitz darauf und lasse nicht heraus die guten Geister.

Gute Geister

Ich wohn mit vielen Geistern
in unserem Haus zusammen
auch Tolstoi und Dostojewski hab ich hier gefangen.
William Shakespeare, Thomas Mann und Karl Kraus
gehen bei uns ein und aus.

Zwar sind alle schon hinüber
doch ich verzweifle nicht darüber.
Ich hab sie alle und noch Viele mehr,
sie zu lesen ist mir eine Ehr.
Möcht ihre Gedankengänge fassen.
Ihre Werke zu besitzen und zu sammeln
davon kann ich nicht mehr lassen.

Und sollt ich einmal sterben,
will ich meine Bücher auch vererben.
Ich hoffe voller Inbrunst dann,
dass dann der sie nach mir hat
auch mit meinen Geistern zusammen leben kann.

******

Ich werde immer wieder gefragt: Warum sammelst du Bücher, was gibt dir ein Buch?
Darauf antworte ich kurz und bündig folgendes:

******

Mein Buch kann mich

entführen, belehren, verzaubern, betrüben, beglücken,
erschüttern, kränken, beschämen, betäuben, verzücken,
ablenken, empören, langweilen, weisen, betören,
aufregen, bestechen, betäuben, verdrießen, verstören,

beehren, belasten, zerschmettern, erfreuen, verhöhnen,
fesseln, bedrücken, aufrichten, entfesseln, versöhnen,
erlösen, vergrämen, becircen, bestärken, zerrütteln,
zerschlagen, beseelen, erfrischen, erziehen, vermitteln,
ermuntern, aufwühlen, schützen, verwirren, entsetzen,
berühren, erheitern, befreien, verführen, ergötzen,
erquicken, verletzen, verwöhnen, entlasten, ergrimmen,
verunsichern, führen, ermahnen, ermuntern, bestimmen,
lähmen, zerstören, erheben, rühren und richten,
nur mich verjüngen kann es mitnichten.
Es kann mich durch mein Leben begleiten
und mir Tag für Tag Freude bereiten.

Mein Buch kann mich
euphorisch oder depressiv, vergrämt und schließlich
leichtfertig, enthusiastisch, verzweifelt, verdrießlich,
neugierig, nervös, aggressiv, fromm und vergnügt,
zufrieden, neugierig, kritisch, duldsam, betrübt,
ungeduldig, ergriffen, entsetzt und rasend machen,
zornig, besorgt, empfindlich, hungrig nach vielerlei
Sachen,
argwöhnisch, abgebrüht, gereizt, ärgerlich sehen
und ich kann staunend, verzeihend, wundernd,
schmunzelnd und fröhlich durchs Leben gehen.
Es kann mich amüsieren, besinnlich und lachen,
mich lächeln und glücklich machen.
Und mein Buch
kann ich riechen, sehen, fühlen, tasten und sogar hören,
ich kann es greifen, werfen, heben,
damit schlagen und kann es betrachten,
kann damit meine Langeweile beenden
und es für vielerlei Zwecke verwenden.
Mein Buch kann mein Freund sein
aber mich auch manchmal ......
Deshalb liebe ich mein Buch!

Wer schneller rennt

Wer schneller rennt wird schneller alt,
da ist was Wahres dran.
Es rennt der Mensch so lang er jung,
so schnell er rennen kann.

Die Hektik und die Zeitnot die sind ihm nun Begleiter.
Er handelt sich von der Hektik zur Zeitnot ständig weiter.
Der Tag vergeht im Sauseschritt,
es bleibt nicht Zeit zum Rasten,
denn wegen der Verpflichtungen
muss er nun immer hasten.

Hat Computer, Handy, Laptop und sonst noch allerlei.
Bei all seinen Verrichtungen hat er sie mit dabei.
Er ist vernetzt mit Tod und Teufel,
sogar mit Dschingis Kahn.
Wer schneller rennt, wird schneller alt,
da ist was Wahres dran.

Hat keine Zeit mehr zum Verschnaufen
wenn Ruhe nötig wär.
Muss sich um seine Arbeit kümmern
und noch um Vieles mehr.
Früh morgens rennt er aus dem Haus,
im Magen nur Kaffee.
Wenn ich so in die Runde schau, ich Viele solche seh.

Im Job will er so weit schon sein,
wie seine Freunde sind.
Hat keine Zeit sich auszuruhn,
keine Zeit für Frau und Kind.

Er ist fast nur mehr halb zu Haus,
denn die Firma ist im näher.
Der Druck der davon ausgeht,
der steigt hoch und immer höher.

Wer nicht mehr selbst bestimmen kann,
der ist ein armer Mann.
Wer schneller rennt wird schneller alt,
da ist was Wahres dran.

Der Mensch der bleibt nicht immer jung,
das Alter kommt daher gelaufen.
Die Jugend die entschwunden ist,
kann er sich auch mit Gold nicht wieder kaufen.

Die Geschwindigkeit setzt nun die Regel
mit der er weiterrennt.
Er ist sich nicht mehr sicher,
ob er sich noch selber kennt.

Der Tag vergeht noch schneller als in der Jugendzeit.
Es läuft ihm nun die Zeit davon,
sein Herz um Hilfe schreit.
Er kommt mit seinen Schritten nicht mehr mit,
seine Seele gibt Alarm.
Er ist zutiefst gespalten, so tief das Gott erbarm.

Er hetzt noch immer weiter
bis er eines Tages nicht mehr kann.
Wer schneller rennt wird schneller alt,
da ist was Wahres dran.

Neue Bücher des Autors Hans Riedl:

Weisheiten und kleine Dummheiten aus dem Lebensbereich des Hans R.
114 Seiten, Lyrik, im Eigenverlag!

Reifezeit – Sausaler Kindheitserinnerungen Von der Petroleumlampe bis zum Internet
147 Seiten, Lyrik, Wagner – Verlag
ISBN- 978-3-95630-178-0!

Jetzt bin ich alt!
Bin nicht mehr heiß, bin noch nicht kalt!
148 Seiten, Lyrik, Re-Di-Roma Verlag
ISBN – 978-3-86870-757-1

Familiengeschichten
und anderes Ungemach
148 Seiten, Lyrik, Re-Di-Roma Verlag
ISBN – 978-3-86870-758-8

Lange Rede- Kurzer Sinn
es steckt ein Körnchen Wahrheit drin!
145 Seiten, Lyrik Re-Di-Roma Verlag
ISBN – 978-3-86870-750-2

Von Hans und Grete Riedl
„die Trattenmüllers"
150 Jahre - Familiendokumentation , Bildband!
150 Seiten, Großformat, Hardcover
Re-Di-Roma Verlag ISBN – 978 3 -86870-759-5

Der schönste Tag
Hochzeiten 1870 – 1970 in Wort und Bild
150 Seiten, Re Di Roma Verlag
ISBN 978-3-86870-766-3